AF427452

La voz de mi padre en mi memoria
La historia de su vida y el legado que dejó en mí

Elvira Sombra

ISBN: 979-8-9956492-0-5

Primera edición: 2026

Publicado por: Sombra Editorial

Impreso en los Estados Unidos de América

Dedicatoria

A mi padre.

Por su amor constante y su palabra cumplida.

Prefacio

Aún no empiezo a escribir y ya estoy emocionada hasta las lágrimas.

Tal vez porque hablar de mi padre es tocar una parte muy profunda de mi historia, una zona sensible donde habitan los recuerdos más antiguos y los afectos más firmes.

Escribir sobre él es volver a sentirme hija, incluso ahora que el tiempo ha pasado y la vida me ha llevado lejos de casa.

Mi padre es, para mí, la definición de un caballero en toda la extensión de la palabra.

No por gestos grandilocuentes ni por palabras elaboradas, sino por la manera constante y silenciosa en la que supo estar.

Un hombre que conoció la carencia, que creció con limitaciones y responsabilidades tempranas, y que aun así decidió dar su vida entera en proveer a su familia.

No solo en lo económico, sino en lo más esencial: el cariño, el cuidado, la atención y la presencia.

Fue, ante todo, un hombre de palabra.

De esos que no prometen en exceso, pero cumplen. De los que entienden el compromiso no como una carga, sino como una forma de amor.

Hoy escribo movida por un profundo deseo de gratitud. Gratitud hacia él, pero también hacia Dios y hacia la vida, por haberme permitido ser su hija.

Por haber crecido bajo su ejemplo, aun en los momentos en los que no fui consciente de todo lo que hacía por nosotros.

Hay amores que se entienden mejor con el tiempo, y el amor de un padre es uno de ellos.

Este libro no nace para idealizarlo ni para colocarlo en un pedestal inalcanzable.

Mi padre no es perfecto, y nunca lo fue. Es profundamente humano.

Un hombre con historia, con silencios, con cansancio acumulado y con una manera muy suya de amar y de estar presente.

Como muchos padres, cargó responsabilidades grandes y decisiones importantes, muchas veces asumidas con discreción y sin reconocimiento.

Honrarlo no significa borrar sus límites ni exagerar sus virtudes.

Significa mirarlo con honestidad y con respeto.

Reconocer que su valor no estuvo en la ausencia de errores, sino en la constancia con la que eligió hacerse cargo.

En su forma firme y serena de cumplir su palabra, de cuidar a los suyos y de sostener a su familia incluso cuando el cansancio pesaba.

Fue ahí, en lo cotidiano y no en lo extraordinario, donde aprendí que el amor verdadero no siempre hace ruido, pero siempre permanece.

Que no necesita aplausos para ser real. Que se construye día a día, con actos pequeños, con presencia y con responsabilidad.

Que estas páginas sean un lugar donde su voz siga viviendo.

Desde donde escribo

Hoy entiendo con más claridad el sacrificio que mis padres hicieron al dejar atrás toda una vida en nuestro país.

No fue solo un cambio de lugar; fue renunciar a lo conocido, a la comodidad de los afectos cercanos, a una historia ya construida, para comenzar de nuevo por nosotros.

Fue soltar certezas y abrazar lo incierto con la esperanza puesta en el futuro de sus hijos.

Durante muchos años no comprendí del todo lo que significaba esa decisión. Cuando se es joven, el sacrificio de los padres suele parecer invisible.

La vida avanza, las oportunidades se presentan y uno asume que todo ha estado siempre ahí.

Solo con el paso del tiempo entendí que muchas de las posibilidades que hoy tengo nacieron de renuncias que yo no vi, de silencios que no escuché y de miedos que mis padres decidieron cargar solos.

Comprender eso con los años me colocó frente a una responsabilidad profunda: vivir de una manera que honre ese amor.

No desde la culpa, sino desde la gratitud.

Entendí que lo menos que puedo hacer, después de todo lo que me ofrecieron, es esforzarme por ser una mejor persona, construir una vida con sentido y caminar por el mundo con dignidad.

Ese entendimiento no llegó de golpe. Fue creciendo conmigo.

Llegó en los momentos en los que el cansancio pesa, en las decisiones difíciles, en las veces en que rendirse parecía una opción fácil.

Ahí recordaba que mis padres no se rindieron.

Que empezaron de nuevo cuando ya tenían una vida hecha. Que siguieron adelante no por ambición, sino por amor.

Mi padre nunca necesitó largas explicaciones para enseñarnos sobre el trabajo.

Su ejemplo fue siempre claro.

Mientras el trabajo fuera digno, honesto y ético; mientras no dañara a nadie ni rompiera la ley, debía hacerse con entrega y con orgullo.

No recuerdo sus palabras exactas, pero recuerdo perfectamente su manera de vivirlas.

Lo vi levantarse cada día con responsabilidad.

Cumplir su palabra incluso cuando nadie se lo exigía. Hacer lo correcto sin necesidad de reconocimiento.

En su manera de trabajar entendí que el valor de una persona no se mide por el puesto que ocupa, sino por la integridad con la que sostiene lo que hace.

Esa enseñanza se convirtió en una brújula silenciosa.

No se trataba de ganar más, sino de hacerlo bien. De respetar el trabajo propio y el ajeno. De entender que la dignidad no depende de la profesión, sino de la forma en que se ejerce. De dar lo mejor de uno mismo, incluso cuando nadie está mirando.

Con los años comprendí que ese principio no solo aplicaba al trabajo, sino a la vida entera.

A la manera de relacionarse, de tomar decisiones, de asumir errores y de responder por ellos. Mi padre nos enseñó que vivir con ética no es una idea abstracta, sino una práctica diaria.

Hoy, mi forma de agradecer no está solo en estas páginas.

Está en la mujer que intento ser cada día. En el respeto con el que trabajo, en la honestidad con la que camino, y en el compromiso de vivir de una manera que esté a la altura del amor que recibí.

Es desde este presente, desde esta conciencia, que vuelvo la mirada hacia atrás para contar su historia.

Capítulo 1

De dónde viene mi padre

Mi padre nació en un pequeño pueblo al norte de México, un lugar que siempre describe con una sonrisa tranquila, como quien nombra algo que no se ha ido del todo, algo que sigue viviendo dentro de él, como una raíz que no se arranca aunque el tiempo avance.

Creció entre casitas de adobe que guardaban el fresco del día, a la orilla de un río que marcaba el ritmo de la vida cotidiana, y bajo la sombra generosa de un sabino enorme —un ahuehuete antiguo— que ofrecía refugio contra el sol y descanso para la conversación.

Ese árbol no era solo parte del paisaje. Era punto de encuentro. Testigo del paso del tiempo.

Un lugar donde la vida sucedía sin prisa.

Bajo su sombra se hablaba, se esperaba, se descansaba… y, quizá sin saberlo, también se aprendía a permanecer.

A veces cierro los ojos e intento imaginarlo ahí.

Lo veo niño.

Con los pies descalzos, cubiertos de tierra.
El cabello movido por el viento tibio de la tarde.
Los ojos atentos, observando más de lo que
decía.

Puedo imaginarlo corriendo cerca del río,
deteniéndose de pronto para lanzar una piedra
al agua, viendo cómo las ondas se expanden
lentamente.

Tal vez se sentaba un momento en la orilla,
mirando el reflejo del cielo moverse con la
corriente, sin saber que ese tipo de silencios
también enseñan.

Porque hay infancias que no necesitan mucho
para ser profundas.

Escuchando conversaciones de adultos que
todavía no comprendía del todo.
Voces que hablaban de trabajo, de familia, de
decisiones, de la vida misma.

Él probablemente no entendía cada palabra,
pero algo de todo eso se iba quedando en su
interior, formando poco a poco su manera de ver
el mundo.

Porque hay enseñanzas que no se explican…
se absorben.

Imagino también las tardes.
El sol bajando lentamente. El calor cediendo
poco a poco.

Los sonidos del pueblo suavizándose con la
llegada de la noche.

Tal vez volvía a casa con el cuerpo cansado, con
las manos marcadas por el día, pero con esa
tranquilidad que da haber cumplido.

Porque hay una satisfacción silenciosa en hacer
lo que se debe, aunque nadie lo vea.
Y mi padre, incluso ahora, tiene esa forma de
estar: tranquila, firme, sin ruido.

Puedo imaginar las mañanas comenzando
temprano.

La luz entrando suave por las ventanas.
El sonido de pasos sobre tierra.
El movimiento de una casa que despierta sin
prisa, pero con propósito.

El olor de la leña encendida.
El humo elevándose despacio.
El sonido constante del río, como un susurro que
nunca se detiene.

Era una vida sencilla, sí…
pero no vacía.

Era una vida clara.
Donde cada cosa tenía su lugar.
Donde el tiempo no se medía en relojes, sino en luz.
Donde el día comenzaba con el sol y terminaba cuando la oscuridad lo pedía.

En ese entorno, mi padre creció marcado por el trabajo duro, las raíces profundas y una historia que no siempre se contaba con palabras, pero que se sentía presente en cada gesto.

Hijo de Valente Sombra y María Esquer, creció con una herencia que no se explicaba…
se vivía.

Mi abuelo era yaqui, y esa identidad no se llevaba como una etiqueta, sino como una forma de existir: firme, silenciosa, digna.

No era algo que se proclamara.
Era algo que se sostenía en la vida diaria.

Y aunque en ese momento nadie hablaba de identidad como lo hacemos ahora, esa raíz estaba ahí, moldeando carácter, formando decisiones, enseñando resistencia.

A veces me pregunto cómo se siente crecer en un lugar así…

Intento imaginar no solo lo que veía…
sino lo que sentía.

El calor en la piel.
El cansancio después de un día largo.
La satisfacción silenciosa de haber cumplido.

Porque en esos espacios no siempre hay
palabras para explicar lo que uno vive, pero hay
sensaciones que se quedan para siempre.

Quizá fue ahí donde aprendió a observar antes
de hablar. A entender sin necesidad de
preguntar demasiado. A escuchar más de lo que
decía.

Hay algo en la infancia que define la manera en
que una persona se mueve por el mundo, y en el
caso de mi padre, siento que esa etapa le enseñó
a ser firme… sin ser duro.

A sostener… sin imponerse.
A estar… sin necesidad de hacerse notar.

A veces pienso que su forma de amar nació ahí,
en esos espacios donde no todo se decía, pero
todo se entendía.

Porque cuando uno crece en un entorno donde
lo esencial es lo único que existe, aprende a
reconocer lo que realmente importa.

Y mi padre… aprendió bien.

Con los años he entendido que muchas de las cosas que definen a mi padre nacieron ahí.

No en discursos.
No en explicaciones largas.
Sino en experiencias.

Nunca fue un hombre de hablar mucho de su infancia. Y no porque no hubiera historias, sino porque algunas etapas se viven con discreción y se guardan con respeto.

Había en él una forma muy clara de entender el pasado: no como algo que se expone, sino como algo que se honra en silencio.

Sin embargo, hubo momentos en los que, sin darse cuenta, dejaba escapar pequeños fragmentos de su historia.

Frases sueltas.
Recuerdos breves.
Detalles que, en su momento, parecían simples… pero que con el tiempo cobraron un significado profundo.

Recuerdo escucharlo hablar de su padre con
respeto.

No con palabras largas, sino con la forma en que
lo nombraba.

Había en su voz algo distinto.
Algo que no necesitaba explicación.

A veces me pregunto cómo lo miraba.

Cómo se siente ver a un padre cuando aún no
entiendes del todo lo que significa ser hombre,
pero ya percibes su fuerza, su presencia, su
manera de sostener.

Quizá lo observaba en silencio, como se
observan las cosas que uno respeta sin saber
explicarlas.

Y tal vez, sin darse cuenta, comenzó a parecerse
a él desde entonces.

Fue a través de esos pequeños momentos que
comencé a entender que su historia no había
sido fácil.

Que hubo carencias.
Que hubo esfuerzo.
Que hubo etapas donde crecer no fue una
opción… sino una necesidad.

Pero ese pasado nunca fue un peso que él
colocara sobre nosotros.

Nunca lo usó como excusa.
Nunca lo convirtió en reclamo.

Mi padre hizo algo mucho más difícil:
lo transformó.

Las pocas veces que compartía algo de su niñez
lo hacía sin dramatismo, como si lo vivido ya
hubiera cumplido su propósito.

Pero en esas pequeñas frases se alcanzaba a ver
todo:

Un niño que entendió pronto la responsabilidad.
Un joven que supo que nadie vendría a
resolverle la vida.
Un hombre que decidió hacerse cargo.

Y esa decisión…
no se toma una sola vez.

Se toma todos los días.

De ahí nacieron muchas de las cosas que más
tarde definirían su manera de amar:

Su sentido del deber.
Su compromiso con el trabajo.
Su necesidad de proveer.

Pero no solo lo material… también lo emocional.

Mi padre entendió desde muy joven que estar
presente también es una forma de protección.

Que cumplir, llegar, sostener… son actos de
amor.
Que hay abrazos que no se dan con los brazos,
sino con la responsabilidad.

Con el tiempo comprendí que su silencio
también fue una forma de cuidado.

No nos heredó su escasez.
No nos hizo cargar con su dolor.

Nos protegió incluso de su historia.

Y eso…
también es amor.

Mi padre nos heredó algo mucho más valioso:

su fortaleza,
su templanza,
su manera de sostener sin quebrarse.

Lo que no tuvo, lo convirtió en presencia.
Lo que le faltó, lo transformó en entrega.
Y lo que dolió… lo guardó para que no nos
pesara.

A veces pienso en eso y me pregunto cuántas
cosas decidió callar por amor.

Cuántas veces eligió no decir para no herir.
Cuántas veces sostuvo en silencio para que
nosotros pudiéramos crecer ligeros.

Con el tiempo he entendido que la historia de
mi padre no comenzó conmigo.

Comenzó mucho antes.

En ese pueblo.
En ese río.
En ese árbol.
En esas manos que lo formaron.

Y todo lo que él es…
de alguna manera también viene de ahí.

Hoy entiendo que conocer de dónde viene mi padre no es solo conocer su historia.

Es entender por qué eligió ser como fue. Es comprender que su manera de amar no nació de la comodidad… sino de la conciencia.

Porque hay historias que no empiezan con abundancia… empiezan con carácter.

Y la de mi padre, definitivamente es una de ellas.

Capítulo 2

La infancia que apenas se nombra

Mis recuerdos sobre la infancia de mi padre no están hechos de fechas ni de escenas completas.

Son fragmentos. Silencios.

Palabras sueltas que aparecían de vez en cuando, casi sin intención de quedarse. Pequeños destellos que no buscaban explicar, sino apenas asomarse.

Él no hablaba mucho de esos años, y con el tiempo entendí que no todo lo vivido necesita ser narrado para existir.

Hay historias que no se cuentan porque no se olvidan; se guardan.
Se acomodan en algún lugar interno donde no necesitan palabras para seguir teniendo peso.

Y, en su caso, ese silencio nunca se sintió como ausencia… sino como respeto.

Aun así, hubo algunas veces en que dejó escapar pequeñas imágenes de su niñez.

Recuerdos sencillos, casi siempre ligados a sus hermanos y primos; a los juegos compartidos y a esa complicidad que solo se da cuando se crece juntos, cuando no hay mucho, pero hay suficiente.

No eran historias largas ni detalladas, pero bastaban.

Bastaban para imaginarlo niño.
Corriendo.
Riendo.
Inventando juegos con lo que había a la mano.
Convirtiendo lo simple en suficiente.

A veces intento imaginar cómo eran esos juegos.
Sin juguetes elaborados.
Sin pantallas.
Sin distracciones que interrumpieran el momento
Solo ellos.
La tierra como escenario.
El río como compañía.
La imaginación como herramienta.

Quizá corrían sin rumbo fijo, persiguiéndose entre risas, inventando reglas que solo ellos entendían.

Tal vez construían juegos con lo que encontraban: ramas, piedras, cualquier objeto que pudiera transformarse en algo más.

Porque cuando no hay demasiado, la creatividad se vuelve abundante.

Y en medio de esa sencillez, también se construyen vínculos profundos.

De esos que no necesitan palabras para sostenerse.

En esos momentos, el pasado se asomaba brevemente, como una ventana que se abre y se cierra sin previo aviso.

Y yo me quedaba con esa imagen, intentando completarla…. aunque supiera que nunca la vería del todo.

También hablaba, con respeto y admiración, de mi tata Valente.

Lo describía como un hombre fuerte y valiente, de carácter firme; de esos que sostienen a la familia con presencia y ejemplo más que con palabras.

En la forma en que lo nombraba se sentía el orgullo…. pero también algo más profundo: la huella que deja un padre cuando enseña sin explicar.

Porque hay enseñanzas que no se dicen, pero se quedan para siempre.

Hubo una etapa en la que mi abuelo se vio en la necesidad de emigrar a Estados Unidos.

Eran años en los que se hacían listas de hombres que podían ir a trabajar legalmente en la cosecha de frutas y verduras.

Braceros, los llamaban.

Hombres que dejaban su tierra, su casa y a su familia por temporadas largas, con la esperanza de sostener el hogar desde la distancia.
No se iban por deseo de aventura.
Se iban por responsabilidad.

Y aunque hoy lo entiendo desde la adultez, intento también imaginarlo desde la mirada de un niño.
¿Cómo se siente ver partir a un padre sin saber exactamente cuándo volverá?
¿Cómo se acomoda el corazón a esa distancia?

Tal vez no había palabras para explicarlo.

Tal vez solo había una sensación… una ausencia que no hacía ruido, pero que estaba.
Y aun así, la vida seguía.

Porque en muchas familias, el amor no siempre puede quedarse… pero nunca deja de sostener.

Y en esa decisión había una mezcla de valentía y renuncia que, con los años, aprendí a entender mejor.

Porque irse también es una forma de amor… aunque duela. Esa ausencia marcó la vida familiar de manera silenciosa.

No hubo grandes discursos.
No hubo explicaciones largas.
La vida simplemente cambió.

La vida simplemente cambió, sin previo aviso, obligándonos a adaptarnos a una realidad que nadie había planeado, pero que todos tuvimos que aprender a sostene

Mientras mi tata Valente trabajaba lejos, mi abuela María también tuvo que salir a trabajar para ayudar en el hogar.

La vida no se detuvo; se reorganizó.

Y en esa reorganización, mi padre y sus hermanos pasaron parte de su infancia al cuidado de sus abuelos maternos.

Ahí aprendieron algo que no se enseña en libros: que amar, a veces, también significa esperar.

Esperar sin saber exactamente cuándo.

Esperar sin garantías.

Esperar confiando.

Esa espera no se vivía con dramatismo, sino con una paciencia que parecía natural, como si ya viniera con ellos.

Los días seguían su curso entre rutinas sencillas, juegos compartidos y tareas pequeñas que poco a poco se volvían responsabilidades.

Mi padre creció sabiendo que sus padres volverían… pero también entendiendo que, mientras tanto, la vida seguía.

Y que había otras manos sosteniendo.

Había una familia extendida que no reemplazaba, pero sí acompañaba.

Que no llenaba el vacío, pero lo hacía más llevadero.

De su madre hablaba con un amor profundo.

Un amor que no necesitaba adornos.

Decía que los amaba inmensamente y que daba todo por ellos.

Contaba cómo, aun cansada, siempre encontraba la manera de cuidar, de proteger y de estar pendiente.

En sus palabras se sentía la admiración hacia una mujer que, en medio de la ausencia, mantuvo la casa en pie… y el vínculo intacto.

A veces pienso en ella.

En todo lo que sostuvo en silencio. En todo lo
que hizo sin reconocimiento.

Y entiendo de dónde viene la manera de amar
de mi padre.

Porque el amor también se aprende observando.

Cuando ella tenía que salir a trabajar, sus
abuelos estaban ahí.

No como un reemplazo, sino como un respaldo
amoroso.

Los cuidaban con dedicación, con paciencia y
con una ternura que no hacía ruido.

Los alimentaban, los protegían y los
acompañaban en los días largos, suavizando la
ausencia con presencia.

Esa es una de las cosas más hermosas de esta
historia; nadie intentó ocupar el lugar de
nadie… pero todos eligieron cuidar.

Y eso, con el tiempo, toma un significado
profundo.

Porque no es lo mismo estar…
que decidir estar.

Sus abuelos no estaban ahí por obligación.
Estaban por amor.

Y ese tipo de amor se siente distinto.

Se nota en la forma en que alguien te mira,
en cómo te llama, en la paciencia con la que te
acompaña.

Ese cuidado, aunque silencioso, también forma.
También deja huella.

Sus abuelos lo amaron y lo consintieron.

Le ofrecieron cuidado, atención y un afecto
sincero.

Mientras el regreso de sus padres se esperaba
con paciencia, ellos hicieron del hogar un lugar
seguro.

No borraron la distancia…
pero la llenaron de amor.

Y en ese tiempo, mi padre aprendió algo que
más tarde repetiría sin darse cuenta:

que la familia no siempre está reunida en un
mismo lugar, pero sí puede mantenerse unida
desde el compromiso.

Al recordar esos años, su voz se suavizaba.

No había reproche.
No había tristeza declarada.

Había gratitud.

Se sentía el recuerdo de haber sido querido,
de haber sido cuidado, de no haber estado solo.

Y eso cambia todo.

Entre esos recuerdos breves, a veces aparecía
una sonrisa distinta, más ligera.

Alguna travesura hecha a sus hermanos.
Alguna picardía infantil contada casi con risa
contenida.

Esos momentos dejaban ver al niño detrás del
hombre serio y responsable que yo conocí.

Un niño que también jugó,
que también se rió,
que también fue libre…

antes de aprender a hacerse cargo.

Y creo que eso es importante decirlo.

Porque a veces, cuando vemos a un hombre
fuerte, olvidamos que antes fue niño.

Nunca supe exactamente cómo fueron todos sus
días de infancia.

No conozco cada detalle.
No conozco cada dificultad.

Pero sí comprendí el ambiente en el que creció:

uno donde el trabajo, la ausencia y el amor se
entrelazaban sin necesidad de explicarse.

Un entorno donde se aprendía a esperar,
a compartir,
a sostenerse unos a otros.

Y con el paso del tiempo entendí que esas
experiencias no solo marcaron su infancia…

lo formaron.

La paciencia que vi en él… nació ahí.
La responsabilidad… también.
El compromiso… incluso en lo difícil.

Nada de eso fue casualidad.

Fue aprendido en esos años tempranos, en
medio de la espera, del cuidado compartido y
del amor que supo mantenerse incluso a la
distancia.

Hubo, sin embargo, un recuerdo que mi padre
evocaba con un asombro distinto, como si algo
hubiera cambiado en ese momento.

Fue cuando mi tata Valente regresó al pequeño
pueblo después de una temporada fuera.

No volvió solo.

Entre las cosas que trajo consigo, venía algo que
nadie había visto antes en ese lugar:
un radio.

Ese radio se convirtió en un acontecimiento.

El pueblo entero parecía reunirse alrededor de
aquella pequeña caja que traía voces de otros
lugares.

Puedo imaginar ese momento con claridad.

Personas acercándose poco a poco.
Algunos de pie.
Otros sentados en silencio.

Miradas fijas… no en lo que veían, sino en lo
que escuchaban.

Porque no había imágenes.

Todo ocurría en la imaginación.

Cada voz creaba una escena.
Cada pausa abría una posibilidad.

Era como si, por primera vez, el mundo se
hiciera más grande.

Y mi padre, siendo apenas un niño, estaba ahí…
escuchándolo todo.

Quizá sin comprender completamente la
magnitud de lo que ocurría, pero sintiendo que
algo importante estaba pasando.

Porque hay momentos que no se entienden en el
instante… pero se quedan para siempre.

También se reunían para escuchar las
radionovelas.

Las historias viajaban sin imágenes, sostenidas
solo por las voces y la imaginación.

Aquellas tardes se llenaban de silencios atentos,
de miradas compartidas, de emociones que se
construían en la mente.

El pueblo, sin saberlo, se abría al mundo a través
del sonido.

Mi padre hablaba de ese radio no tanto por el
objeto en sí… sino por lo que representó: la
sensación de que la vida no terminaba en el río,
en las casas de adobe ni en el trabajo diario.

Que había algo más allá.
Algo desconocido.
Algo posible.

Tal vez, sin darse cuenta, ese radio fue una de
las primeras veces que el mundo tocó su vida…
y amplió su mirada.

Hoy comprendo que incluso esos recuerdos aparentemente pequeños formaron parte de su carácter.

Le enseñaron a escuchar,
a observar,
a imaginar más allá de lo inmediato.

Y quizá por eso, cuando fue adulto, supo mirar más lejos.

Supo tomar decisiones que no solo pensaban en el presente…
sino en el futuro.

Porque incluso lo que apenas se nombra, cuando es verdadero, deja huella.

Y la huella de su infancia —hecha de espera, cuidado, comunidad y asombro—

no fue ruidosa…
pero sí profunda.

No fue evidente…
pero sí permanente.

Y sigue viviendo, de alguna manera, en todo lo que él es.

Hoy entiendo que la infancia de mi padre no solo estuvo hecha de ausencias, sino de presencias que supieron sostenerlo cuando más lo necesitaba.

Que el amor no siempre llega de una sola persona, sino de todos aquellos que deciden quedarse, cuidar y acompañar, incluso en los momentos más silenciosos.

Y fue ahí donde aprendí… que esperar también es una forma de amar.

Capítulo 3

La música, el trabajo y el río

Desde muy joven, mi padre aprendió a abrirse camino por sí mismo.

La vida le enseñó pronto que nada llegaba sin esfuerzo y que cada habilidad debía cultivarse con paciencia.

Nadie le enseñó formalmente a tocar un instrumento, pero la música lo encontró temprano… y él supo escucharla.

A veces me pregunto cuál fue la primera vez que la música realmente lo tocó.

No como un sonido de fondo… sino como algo que se queda.

Tal vez fue en una reunión sencilla, de esas donde alguien saca una guitarra sin intención de impresionar, solo para acompañar el momento.

Quizá lo escuchó desde lejos, deteniéndose por unos segundos, como si algo dentro de él reconociera ese sonido.

Porque hay encuentros que no necesitan explicación.

Simplemente suceden… y marcan.

Imagino a ese niño observando con atención, siguiendo el movimiento de las manos, intentando entender cómo de algo tan simple podía salir algo tan profundo.

Y tal vez, ahí comenzó todo.

Aprendió solo, con atención y disciplina, guiándose por el oído y por una intuición que se fue afinando con los años.

Así fue aprendiendo a tocar la guitarra, el bajo sexto, la tarola, el tololoche y el acordeón.

Instrumento por instrumento, fue construyendo un oficio que no dependía de aulas ni de títulos, sino de constancia y dedicación.

La música norteña no fue solo un gusto ni una afición pasajera; fue una forma de expresión profunda y, al mismo tiempo, una manera digna de ganarse la vida.

Hablar de la música era hablar de algo que lo hacía vibrar distinto.

En su voz había orgullo, pero también una serenidad profunda, como si esos sonidos lo hubieran acompañado desde siempre.

La música no era para él una fantasía ajena a la realidad ni un escape de las responsabilidades.

Era trabajo.
Era compromiso.
Era llegar, cumplir, tocar bien y respetar al público, sin importar el tamaño del lugar ni la cantidad de personas.

Puedo imaginar una de esas noches.

El lugar sencillo.
La gente reunida poco a poco.
Las conversaciones mezclándose con el sonido
de los instrumentos afinándose.

Mi padre, en silencio, preparándose.

No desde el nervio… sino desde la
responsabilidad.

Porque tocar no era solo presentarse.

Era cumplir.

Era respetar el momento, el espacio, a las
personas que estaban ahí.

Y cuando comenzaba la música… todo
encontraba su lugar.

Las voces se acomodaban.
Los sonidos se alineaban.

Y por unos momentos, el cansancio del día
desaparecía.

Porque hay algo en la música que transforma.
Que aligera.

Y tal vez, en esos momentos, mi padre también
encontraba una forma de descanso.

Desde temprana edad también le tocó trabajar en lo que hubiera.

Hizo distintos trabajos, incluso en el campo, aprendiendo a conocer la tierra, el cansancio y la responsabilidad desde muy joven.

Esos trabajos no eran temporales en el sentido ligero de la palabra; eran necesarios.

Y aunque exigían esfuerzo físico y constancia, nunca habló del trabajo como una carga, sino como una necesidad asumida con entereza.

Trabajar era, para él, una forma de dignidad.

El trabajo en el campo no solo exigía fuerza física.
Exigía constancia.

Había días largos, donde el tiempo parecía extenderse más de lo normal.
Donde el cuerpo se cansaba, pero el trabajo no terminaba.

Y aun así… se seguía.

Porque detenerse no siempre era una opción.

Imagino sus manos marcadas por el esfuerzo.
El cuerpo aprendiendo a resistir.

El sol cayendo directo sobre la piel, sin sombra
suficiente, sin pausas largas.

Pero también imagino algo más: esa capacidad
de adaptarse.

De entender que el cansancio no siempre
significa parar, sino continuar con más calma,
con más conciencia.

Porque en esos espacios, uno no solo trabaja…
uno aprende a sostenerse.

En el campo aprendió a respetar los tiempos, a
reconocer el valor del esfuerzo diario y a
entender que lo que se siembra con paciencia da
fruto a su debido momento.

Esa relación temprana con la tierra dejó huella
en su manera de mirar la vida.

Nada se obtenía sin trabajo, pero tampoco había
necesidad de quejarse.

Se hacía lo que había que hacer, con
responsabilidad y con orgullo silencioso.

Entre esos recuerdos de esfuerzo, siempre
aparecía una imagen que parecía tocar algo muy
profundo en su memoria: un pequeño río que
pasaba cerca de su casa.

Cada vez que lo mencionaba, su mirada
cambiaba.

Había en ella una calma especial, como si ese río
guardara un espacio de respiro dentro de una
infancia exigente.

No decía mucho más, pero bastaba verlo para
entender que ahí habitaba algo íntimo… algo
que no necesitaba explicación.

A veces me gusta imaginarlo ahí.

Sentado cerca del agua.
Escuchando el sonido constante del río.

Sin prisa.

Sin exigencias.

Solo estando.

Tal vez ese era uno de los pocos espacios donde no tenía que responder a nada.

Donde no había trabajo, ni responsabilidad inmediata.

Solo silencio.

Y ese tipo de silencio… también forma.

Ese río parecía representar un equilibrio natural: trabajo y descanso, movimiento y pausa.

Así como la música, el río corría sin prisa, acompañando la vida cotidiana sin imponerse.

Quizá por eso, incluso en medio de jornadas largas y responsabilidades tempranas, mi padre aprendió a sostenerse sin perder la serenidad.

Con el tiempo, la música se convirtió en
sustento, en refugio y en camino.

Fue compañera en los años difíciles y
celebración en los momentos de alegría.

A través de ella conoció gente, recorrió caminos
y sostuvo a su familia.

Cada presentación implicaba esfuerzo,
preparación y responsabilidad.

Nada era improvisado desde el descuido;
incluso lo espontáneo estaba sostenido por horas
de práctica y experiencia.

Mi padre no solo interpretó canciones: también
escribió las suyas.

Como compositor y cantautor, dio forma a letras
que nacieron de su experiencia, de su
sensibilidad y de su relación con la vida.

Algunas surgieron de lo cotidiano; otras, del
amor.
Varias estuvieron inspiradas en mi madre.

En esas letras sencillas y honestas se asomaba su
manera de sentir: su forma reservada, pero
profunda, de expresar lo que a veces no decía en
voz alta.

La música fue también un lenguaje para el amor,
una manera de nombrar lo que el carácter no
siempre permitía decir.

A lo largo de los años, su relación con la música
nunca se rompió.

Cambiaron los escenarios, las circunstancias y
las etapas de la vida, pero no el compromiso.

Aún hoy, a sus setenta y tres años, mi padre
sigue ejerciendo su oficio con la misma dignidad
de siempre.

Sigue tocando, cantando y cumpliendo con la
música como lo ha hecho toda su vida:

con respeto,
con seriedad,
y con amor.

Esa constancia habla tanto de su carácter como
cualquier otra cosa.

No se trata solo de talento, sino de permanencia.

De seguir eligiendo cada día aquello que se ama,
incluso cuando el cuerpo se cansa y el tiempo
avanza.

La música, como el río de su infancia, siguió su
curso:
a veces tranquila,
a veces intensa,
pero siempre presente.

A lo largo de su vida, mi padre ha sido siempre
responsable y trabajador.

Un hombre constante, dedicado y
comprometido con lo que hace.

Y a veces, desde mi propia nostalgia, he pensado
en el hecho de que ninguno de sus hijos
aprendimos a tocar un instrumento como él.

He imaginado, sin certeza, que quizá en algún
momento sintió un asomo de tristeza por no
haber compartido ese talento de la misma
manera.

Sin embargo, mi padre nunca midió su legado
en herencias musicales.

Su mayor alegría siempre fue vernos seguir
nuestros propios sueños.

Nunca nos exigió ser reflejo suyo.

Le bastó con vernos trabajar honradamente,
caminar con responsabilidad y construir nuestra
vida con integridad, tal como aprendimos de él.

Tal vez ahí también estaba su música más
profunda: en saber acompañar sin imponer, en
enseñar con el ejemplo, y en respetar los
caminos que cada uno elige recorrer.

En los últimos años, la música también se ha
convertido en un espacio compartido.

Hoy, mi padre no camina solo ese camino.

Mi sobrino, todavía muy joven, lo acompaña a
trabajar, observa, escucha y aprende.

No como quien imita…
sino como quien se deja formar por el ejemplo.

Verlos juntos es confirmar que la música, cuando
se vive con respeto y constancia, no se extingue:

se transmite.

Mi padre no necesita dar grandes discursos para
enseñar.

Le basta con tocar, con llegar puntual, con tratar
el oficio con seriedad.

En ese acompañar silencioso vuelve a aparecer
la misma herencia que él recibió: la del trabajo
digno sostenido con amor.

Hoy entiendo que su legado no está solo en los instrumentos que tocó ni en las canciones que escribió y cantó, sino en la armonía con la que vivió.

Una vida donde el trabajo, la pasión y la honestidad aprendieron a convivir.

Como ese río de su infancia, su ejemplo sigue fluyendo:

silencioso,
constante,
y presente…
acompañándonos sin hacer ruido.

La música no fue solo su oficio…
fue su forma de vivir.

Y entre cada acorde, cada jornada y cada silencio, mi padre me enseñó algo que no viene en palabras, pero se queda para siempre:

que la vida, como la música,
se construye nota por nota…
día con día…
con paciencia.

Que no importa cuántas veces se empiece,
sino cuántas veces se decide continuar.

Y que al final,
no es el ruido lo que permanece…
sino la constancia.

Capítulo 4

El amor que se eligió

La historia de mi padre encuentra un sentido más pleno cuando aparece mi madre.

Su vida, como la de él, estuvo marcada por el esfuerzo temprano y por una fortaleza que no siempre se nota a simple vista.

Ella es una mujer profundamente amorosa, temerosa de Dios y entregada por completo a su familia.

Su fe ha sido siempre un refugio, una guía silenciosa y una fuerza constante en nuestro hogar.

No una fe impuesta, sino vivida; no ruidosa, sino firme.

La infancia de mi madre no fue sencilla.
Desde muy pequeña conoció el trabajo duro.

A los diez años ya trabajaba en el campo,
viajando de pueblo en pueblo junto a su mamá y
sus hermanos.

La vida la llevó pronto a recolectar algodón, a
cocinar para toda su familia y a hacerse cargo de
responsabilidades que no suelen pertenecer a
una niña.

Aprendió temprano a cuidar, a sostener, y a
resistir.

Esa infancia itinerante, marcada por el cansancio
y la necesidad, no endureció su corazón.

Al contrario… afinó su sensibilidad.

La convirtió en una mujer atenta, compasiva y
profundamente generosa.

Mi madre no habló muchas veces de lo difícil
que fue crecer así, pero su manera de amar
siempre dejó ver que sabía lo que significaba
carecer y, por lo mismo, eligió dar.

Dar sin medida.
Dar sin esperar.
Dar incluso cuando nadie la estaba viendo.

Y esa forma de dar… se convirtió en el lenguaje
de nuestro hogar.

Había algo en mi madre que no necesitaba explicación.

Se sentía en lo cotidiano.

En la forma en que preparaba la comida, en cómo se aseguraba de que todos estuviéramos bien, en esos pequeños gestos que parecían simples… pero que sostenían todo.

Recuerdo su presencia constante.

No como algo que se imponía, sino como algo que estaba.

Siempre estaba.

En los días buenos, y aún más en los difíciles.

Había una suavidad en su manera de hablar, una calma que no negaba los problemas, pero los hacía más llevaderos.

Y en esa forma de estar… había amor.

Un amor que no hacía ruido, pero que llenaba todo.

Mis padres se conocieron en un restaurante donde mi mamá trabajaba.

A veces pienso que la vida eligió ese lugar cotidiano para cruzar sus caminos a propósito, como si supiera que ahí comenzaría una historia importante.

Entre mesas, jornadas largas y conversaciones sencillas, algo se reconoció sin necesidad de explicaciones.

Fue amor a primera vista… pero también fue algo más profundo: una intuición compartida.

Desde el inicio, mi padre se dedicó a cuidarla y a protegerla.

No como un gesto pasajero ni como una promesa vacía, sino como una forma constante de amar.

En su presencia había seguridad, respeto y una intención clara de construir.

Mi madre encontró en él a un hombre de
palabra, firme y dispuesto a caminar a su lado,
no delante ni detrás, sino con ella.

Mi padre la cuidó siempre como quien protege
algo valioso.

Con delicadeza, con atención y con una ternura
que no necesitaba exhibirse.

Nunca la vio como alguien frágil, sino como
alguien digna de cuidado.

En ese amor había respeto profundo, admiración
y una decisión diaria de estar.

Pero más allá de los grandes gestos, lo que
marcó mi vida fueron las cosas pequeñas.

La manera en que le hablaba.

El respeto en su tono.

La forma en que la incluía.

Cómo la miraba incluso en lo cotidiano.

A veces no eran grandes momentos.

Eran cosas pequeñas.

Una conversación sencilla en la mesa.
Una mirada compartida.
Una forma de entenderse sin hablar demasiado.

Recuerdo verlos juntos y sentir algo que, en ese momento, no sabía nombrar.

Era tranquilidad.

No había tensión.
No había distancia.

Había equipo.

Mi padre, con su manera firme de estar.
Mi madre, con su forma amorosa de sostener.

Y entre los dos… algo que se sentía completo.

Ese tipo de amor no necesita demostrarse todo el tiempo,
porque ya se vive.

Y creciendo dentro de ese amor, aprendí algo sin
que nadie tuviera que explicármelo.

Que el amor no se ruega… se demuestra.
Que el respeto no se pide… se da.

Y que una mujer no debería esperar menos que
ser cuidada con dignidad, con presencia y con
verdad.

Mi padre no me enseñó con palabras cómo debía
ser un hombre… me lo mostró todos los días en
la forma en la que amaba a mi madre.

Y desde entonces, su ejemplo se convirtió en
medida.

No desde la exigencia… sino desde la claridad.

Mi madre, por su parte, eligió confiar.

Después de una vida en la que tuvo que hacerse fuerte muy pronto, encontró en mi padre un espacio donde podía descansar.

Un lugar seguro donde no tenía que cargar sola. Y ese descanso… no era debilidad.

Era confianza.

Su fe, su ternura y su capacidad de entrega encontraron eco en la constancia y la responsabilidad de él.

La vida de mi madre no se definió por lo que sufrió, sino por lo que eligió ser.

Convirtió su historia en fortaleza, su cansancio en cuidado y su fe en guía.

Cuando llegaron los hijos, nos entregó su tiempo, su atención y su corazón entero.

Estuvo presente en lo cotidiano, en lo pequeño y en lo esencial.

En las comidas hechas con amor.
En las palabras suaves en momentos difíciles.
En la forma en que nos cuidaba sin hacernos sentir carga.

Mi madre nos cuidó como sabía hacerlo: con amor constante y con una paciencia aprendida a base de vida.

Y muchas veces, sin que nos diéramos cuenta, ella fue quien sostuvo emocionalmente todo.

Quien suavizó los días duros.
Quien llenó los silencios.
Quien convirtió una casa… en hogar.

Hoy, al mirar hacia atrás, entiendo algo con mucha claridad.

Mi madre no solo cuidó… sostuvo.

Sostuvo emociones, momentos difíciles, días en los que quizá todo pesaba más de lo normal.

Y lo hizo sin hacerlo evidente.

Sin pedir reconocimiento.

Simplemente estando.

Y eso, con el tiempo, se vuelve inmenso.

Porque no todo el amor se ve.

Hay amor que se siente… en la forma en que alguien no se rinde, en cómo permanece, en cómo sigue dando incluso cuando está cansada.

Y mi madre… nunca dejó de dar.

Juntos formaron un equipo.
No uno perfecto, sino uno comprometido.

Un matrimonio basado en el respeto mutuo, la
protección y la responsabilidad compartida.

Mi padre aportó su constancia, su manera
silenciosa de sostener y su ejemplo firme.

Mi madre, su amor incondicional, su fe
profunda y su presencia incansable.

En ese equilibrio se construyó nuestro hogar.

Y aunque esta historia nace desde mi padre… la
vida que tuvimos no se puede entender sin mi
madre.

Porque si él fue quien sostuvo con firmeza, ella
fue quien llenó de amor cada espacio.

Si él construyó el camino, ella hizo que ese
camino se sintiera hogar.

Su bondad, su ternura y su manera de dar sin
medida fueron el alma de todo lo que vivimos.

Y en muchas formas, el amor de mi padre se
volvió aún más grande… porque tenía a quién
amar así.

No crecimos rodeados de lujos, pero sí de
certezas.

Sabíamos que éramos amados, protegidos y
acompañados.

Sabíamos que nuestros padres estaban ahí,
sosteniéndose mutuamente para sostenernos a
nosotros.

En los momentos difíciles, su unión fue refugio.
En los momentos de alegría, su complicidad fue
celebración.

Nuestros logros no son solo nuestros.

Son reflejo del esfuerzo de ambos, de las
decisiones que tomaron, de los sacrificios que
hicieron y del amor con el que nos criaron.

Cada paso que dimos estuvo sostenido por su
trabajo, por su fe y por su manera de amar sin
condiciones.

Hoy, al mirar su historia, comprendo que su encuentro no fue casual.

Fue un acto de gracia.

Dos personas marcadas por la vida que eligieron no repetir el dolor, sino transformarlo en cuidado.

Un amor que se eligió desde el primer día… y que se sostuvo con hechos.

Un amor que no necesitó ser perfecto para ser verdadero.

Un amor que nos enseñó que cuidar, proteger y creer… también son formas profundas de amar.

Y si algo me dejó haber crecido viendo el amor de mi padre hacia mi madre, fue una claridad que no necesitó palabras.

Aprendí que el amor verdadero no se confunde.
No se duda.
No se mendiga.
Se reconoce.

Porque el amor, cuando es real, se nota en la forma en que se cuida, en la manera en que se habla, en el respeto que se sostiene incluso en lo cotidiano.

Mi padre no solo amó a mi madre… la respetó.

Y ese respeto no fue algo ocasional.

Fue constante.

Se veía en cómo la trataba frente a otros.
En cómo la escuchaba.
En cómo la consideraba.

Mi padre nunca necesitó demostrar su amor con exageraciones, porque lo vivía en cada acción.

Y eso, más que cualquier palabra, construye seguridad.

Construye confianza.
Construye un amor que no se tambalea.

Hoy sé que no aprendí esto de palabras… lo aprendí mirando.

Capítulo 5

La llegada de los hijos

La historia de nuestra familia comenzó con una ausencia.

Antes de que llegáramos nosotros, mis padres conocieron el amor y también el dolor más difícil de nombrar: la pérdida de una hija muy pequeña.

Una bebé que partió demasiado pronto, en un tiempo y en un lugar donde la vida era más frágil y la medicina escasa.

Han pasado muchos años desde entonces, pero hay heridas que no desaparecen; solo aprenden a convivir con el silencio.

Hay dolores que no hacen ruido… pero cambian todo.

No sé cómo fueron esos días exactamente. No sé qué palabras se dijeron, ni cuáles se quedaron guardadas.

Pero puedo imaginar el silencio.

Ese tipo de silencio que no incomoda… pero pesa.

Donde dos personas se miran y no necesitan explicarse lo que están sintiendo.

Porque ya lo comparten.

Y aun así… permanecen.

De ella no se hablaba mucho, y quizá por eso su presencia siempre se sintió de otra manera.

No como un recuerdo constante, sino como una ausencia respetada.

Como algo que no se toca, pero que se honra.

Su nombre no se repetía con frecuencia, pero su lugar estaba ahí, intacto.

A veces, el silencio también es una forma de amor.

Crecí entendiendo que en nuestra familia había un antes que no conocí, pero que lo explicaba todo.

Un dolor que no se contaba, pero que había transformado la manera de amar de mis padres.

Mis padres atravesaron ese tiempo sosteniéndose mutuamente, entre la incertidumbre, la fe y la espera.

No fue un duelo vivido hacia afuera, sino hacia adentro.

Cada uno cargó el dolor a su manera, pero nunca solos.

Porque en medio de ese dolor, eligieron no soltarse.

Y eso también es amor.

No el amor fácil, no el amor ligero,

sino el que se queda cuando todo duele.

El que no huye.
El que no se rompe.
El que, aun sin respuestas, decide permanecer.

Hubo días en los que no había respuestas, solo preguntas.

No había palabras suficientes, solo presencia.

Y aun así, permanecieron.

La pérdida los unió en una intimidad profunda, hecha de miradas, de oraciones silenciosas y de una esperanza que, aunque herida, se resistía a desaparecer.

Fueron años en los que desearon formar una familia y no fue posible.

Años que les pidieron paciencia, fortaleza y una confianza difícil.

Años en los que aprendieron que no todo depende del esfuerzo ni de la voluntad, y que hay momentos en los que solo queda esperar… y creer.

Esperar sin garantías.
Creer sin respuestas.
Y aun así, no soltarse.

Ese tipo de espera cambia a las personas.

No es una espera pasiva.

Es una espera que se siente en el cuerpo en la mente, en la forma en que uno comienza a mirar la vida.

Una espera que enseña a valorar lo que aún no llega… como si ya existiera.

Y tal vez por eso, cuando la vida volvió a abrirse, ellos ya no eran los mismos.

Eran más conscientes.
Más cuidadosos.
Más presentes.

Con el tiempo, la vida volvió a abrirse paso.

No como un olvido, sino como una continuidad distinta.

Porque hay cosas que no se reemplazan… pero sí se transforman.

La llegada de los hijos que vendrían después no borró la pérdida; la transformó.

El amor que no pudo quedarse encontró otra manera de expresarse.

Y ese amor, quizá por haber sido probado tan pronto, llegó más consciente, más cuidadoso y más profundo.

Ese tiempo de espera no fue vacío.
Fue un tiempo de aprendizaje silencioso.

Mis padres aprendieron a mirarse con más paciencia, a sostenerse sin respuestas y a confiar incluso cuando no entendían el porqué de lo vivido.

El dolor no los endureció; los volvió más atentos.

Más humanos.

Aprendieron que amar también es aceptar la fragilidad de la vida… y, aun así, elegirla de nuevo.

Elegirse de nuevo.
Intentarlo de nuevo.
Creer de nuevo.

Los hijos comenzaron a llegar, y con ellos, una nueva etapa.

Primero Cecilia, luego Miriam, después Moisés, más tarde Elizabeth y, finalmente, yo, la más pequeña.

La última.

La que vino después de todo lo vivido.

Después del dolor, de la espera, de los aprendizajes silenciosos que ya habían transformado an mis padres.

A veces me pregunto cómo fue ese momento.

Cómo me recibieron.

Si hubo nervios, si hubo una emoción distinta, si en sus corazones ya existía una conciencia más profunda de lo que significaba tener un hijo en brazos.

Quiero creer que sí.

Que mi llegada no fue solo un nacimiento más, sino un suspiro distinto.

Una confirmación de que la vida seguía abriéndose paso.

Que el amor que habían sostenido en los momentos más difíciles seguía dando fruto.

Ser la más pequeña significó llegar a una historia que ya estaba en movimiento.

A un hogar que ya había sido probado.

A unos padres que ya sabían lo que era perder… y también lo que significaba volver a amar con todo.

Y quizá por eso, sin darme cuenta, crecí rodeada de una forma de amor más consciente.

Más presente.
Más agradecida.

Cada uno nació en momentos distintos de la vida de mis padres, y también en lugares distintos.

Para entonces, ya no vivían en el campo.

El trabajo de mi padre como músico lo llevaba de un sitio a otro, y mi madre lo acompañaba, construyendo hogar allí donde la vida los colocaba.

No había estabilidad en el lugar… pero sí en el amor.
Y eso fue suficiente.

Crecimos en un hogar donde el amor no se daba por sentado.

Había en mis padres una atención especial, una forma de cuidar que parecía saber lo frágil que puede ser la vida.

Cada hijo fue recibido como un regalo, no como una certeza.

Puedo imaginar esos momentos.

La llegada de cada hijo.
El asombro.
El cuidado.

La manera en que cada pequeño detalle importaba.

Porque después de haber perdido, nada se vuelve automático.

Todo se vuelve consciente.
Cada abrazo.
Cada cuidado.
Cada día.

Y en ese amor… había algo distinto.

No miedo, pero sí una profunda conciencia de lo frágil que es la vida.

No crecimos bajo el peso del miedo, pero sí bajo la presencia de un cuidado profundo.

Un cuidado que sabía que nada está garantizado… y que, por lo mismo, todo merece ser abrazado.

La música marcó no solo el trabajo de mi padre, sino también nuestro modo de crecer.

Viajaban, se adaptaban, comenzaban de nuevo. Cada ciudad era distinta, pero el vínculo era el mismo.

Mi madre, siempre presente, hacía de cada lugar un espacio de cuidado. Bastaban sus manos, su atención y su fe para que cualquier casa se sintiera hogar.

Mi padre, constante y responsable, sostenía a la familia con su trabajo y su dedicación.

Pero más allá del sustento, había algo que nunca faltó: su presencia.

No importaba el cansancio, no importaban los días largos.

Mi padre siempre fue un padre presente.

Y no porque estuviera todo el tiempo físicamente, sino porque cuando estaba… estaba de verdad.

Atento.
Disponible.
Comprometido.

Nos cuidó, nos protegió y nos enseñó, sobre todo, con el ejemplo.

Su amor no era ruidoso, pero era firme.

Se notaba en la manera en que trabajaba, en cómo resolvía, en cómo se hacía cargo sin excusas ni dramatismos.

Nos enseñó que ser padre no es solo proveer…. es sostener.

Es estar.

Es no fallar cuando más se necesita.

Hoy comprendo que su paternidad estuvo marcada también por lo que vivieron antes.

Por la pérdida que los hizo valorar cada vida con mayor conciencia.

Tal vez por eso cuidó tanto, dio tanto y estuvo tanto.

No desde el temor, sino desde un profundo sentido de responsabilidad… y de gratitud.

De mi hermana mayor sé poco.

Sé que era hermosa. Sé que fue amada intensamente en el breve tiempo que estuvo.

Y sé que su paso por la vida, aunque corto, dejó una huella que todavía existe.

No la conocí, pero su ausencia forma parte de mi historia.

Forma parte del inicio de nuestra familia.

Y, de alguna manera, también forma parte de lo que somos.

A veces pienso en ella.

En cómo habría sido.

En su risa.
En su voz.
En el lugar que habría ocupado entre nosotros.

No desde la tristeza… sino desde una curiosidad suave, como quien imagina algo que siempre ha sentido cercano.

Porque aunque no la conocí, su presencia nunca se sintió ajena.

Era parte de nosotros.
De nuestra historia.
De nuestro origen.

Nuestros logros, nuestras decisiones y el camino que cada uno ha elegido no nacen solo de nuestro esfuerzo.

Son reflejo del amor, la constancia y la entrega de nuestros padres.

De una madre que acompañó, sostuvo y creyó.

Y de un padre que convirtió el trabajo en cuidado, la música en sustento y el amor en presencia diaria.

Ser la más pequeña me permitió mirar todo con otros ojos.

Ver el camino ya andado, el amor sembrado y la familia construida antes de mí.

Ver el cansancio… y también la fe.

Ver los sacrificios… y también la dignidad con la que se vivieron.

Y hoy sé que nuestra historia se cuenta tanto por quienes están, como por aquella pequeña vida que se fue temprano y que, sin estar, nos enseñó a amar con mayor profundidad.

La vida volvió a abrirse paso, sí.

Pero lo hizo sobre un terreno ya marcado por el amor, la fe y la resiliencia.

Y ese fue el cimiento sobre el que crecimos todos.

Hoy entiendo que nuestra familia no comenzó con certezas… comenzó con fe.

Con un amor que decidió quedarse aun cuando la vida no era clara.

Y ese tipo de inicio… no se olvida.

Se convierte en raíz.

Y si algo aprendí de la historia de mi familia, es que el amor verdadero no evita el dolor… pero sí sabe permanecer a través de él.

Mis padres me enseñaron que incluso en la pérdida más profunda, el amor no desaparece.

Se transforma.
Se vuelve más consciente, más cuidadoso, más presente.

Aprendí que la vida no siempre llega como la esperamos, pero aun así vale la pena abrirle espacio una y otra vez.

Que formar una familia no es solo un acto de alegría… también es un acto de fe.

Y que un padre no se define solo por lo que da, sino por la manera en que decide quedarse, cuidar y amar, incluso después de haber conocido el dolor.

Hoy entiendo que no nacimos en una historia perfecta.

Nacimos en una historia que eligió el amor… una y otra vez.

Capítulo 6

La abuela que vive en la memoria

Mis recuerdos comienzan alrededor de los cuatro años.

Para entonces ya vivíamos en la frontera, en Nogales, Sonora.

Recuerdo nuestra pequeña casa, sencilla, pero profundamente habitada.

No por los muebles ni por el tamaño, sino por el amor, la ternura y el cuidado constante de mis padres.

Aun siendo niña, supe que ese lugar era hogar.

Mi infancia estuvo marcada por la presencia amorosa de mi madre y la firmeza silenciosa de mi padre.

Él trabajaba, cuidaba y sostenía sin hacer ruido.

Ella llenaba los días de atención, fe y cariño.

En ese equilibrio crecimos, rodeados de una seguridad que no siempre se nombra, pero que se siente.

No era una infancia perfecta, pero sí profundamente cuidada.

Hay una ausencia que forma parte de mi historia, aunque no la viví de manera directa.

Mi abuela paterna.

La madre de mi padre, María.

Cuando yo nací, ella ya había fallecido.

Nunca tuve la oportunidad de conocerla, y esa falta me acompaña de una manera silenciosa.

No como un reclamo, sino como una nostalgia suave.

Crecí sabiendo de ella más por lo que no se decía… que por lo que se contaba.

Su nombre aparecía pocas veces, pero siempre con respeto.

Con una delicadeza especial, como si al nombrarla se tocara algo profundo.

Mi padre casi no hablaba de ella.

Y cuando lo hacía, había algo en su mirada que decía más que cualquier palabra.

Un dolor contenido.

Un amor intacto.

Un recuerdo que no necesitaba explicarse.

Con los años entendí que no todos los amores
pueden nombrarse sin que duelan.

Y que el silencio, en muchos casos, no es
ausencia… sino una forma de proteger lo que
aún se siente demasiado.

No sé todos los detalles de su vida.
No sé todo lo que vivió.

Pero sí sé algo que se siente más allá de las
palabras: sé que fue importante.
Sé que dejó huella.
A veces intento imaginarla.
No con precisión… sino con cuidado.
No desde la necesidad de completar una
historia, sino desde el deseo de acercarme un
poco más.
La imagino en lo cotidiano.
En una cocina sencilla, en medio de un día largo,
haciendo lo que tenía que hacerse.
La imagino cuidando, resolviendo,
sosteniendo… sin saber que, años después,
alguien como yo intentaría reconstruirla desde
el amor.
Y en esa imaginación, no busco exactitud.
Busco cercanía.
Porque lo que mi padre es… no nació de la
nada.

Aprendí a reconocer a mi abuela en él.
En su manera de cuidar.
En su sentido de responsabilidad.
En su forma de amar sin hacer ruido.

Hay cosas que no se enseñan con palabras.

Se heredan.

Se transmiten en los gestos, en las decisiones, en
la forma de estar en el mundo.

Y en mi padre, hay una herencia clara.

Una raíz firme.
Una manera de sostener que viene de antes.

A veces pienso en la mujer que lo crió.

En lo que tuvo que haber hecho bien para
formar a un hombre como él.

En la fortaleza que debió tener.
En el amor que debió darle.
En los valores que sembró sin saber hasta dónde
llegarían.

Porque un hombre que sabe cuidar, respetar y
sostener… no se forma solo.

Viene de alguien.

Viene de una historia.

Viene de un origen que, aunque no siempre se
nombre, sigue presente.

Mi abuela no está en mis recuerdos, pero está en mi vida a través de mi padre.

Está en cada enseñanza que él nos dio sin palabras.
En cada decisión responsable.
En cada forma de amar que aprendí observándolo.

Es como si algo de ella hubiera seguido viviendo en él… y, a través de él, hubiera llegado hasta nosotros.

Y quizá así es como algunas personas permanecen.

No en lo que se recuerda, sino en lo que se transmite.

En lo que se repite sin darse cuenta.

En la forma en que alguien cuida,
en la manera en que alguien ama,
en la forma en que alguien decide quedarse.

Y entonces entiendo… que no conocerla no significa no haberla recibido.

Crecí sintiendo cercana a una mujer que nunca conocí.

No desde la memoria, sino desde la herencia.

Desde lo que permanece sin necesidad de explicarse.

Alguna vez escuché a mi padre decir que mi hermana Cecilia tenía cierto parecido con mi abuela María.

No recuerdo exactamente cuándo lo dijo, pero sí cómo se quedó grabado en mí.

Tal vez por eso, sin entenderlo del todo, siempre sentí una cercanía especial hacia ella.

No era solo el vínculo de hermanas.

Era algo más profundo, más silencioso… como si en sus gestos, en su forma de mirar o en su presencia, existiera un eco de alguien a quien nunca conocí.

Y aunque existe una diferencia de edad entre nosotras —ella siendo la mayor y yo la más pequeña—, esa distancia nunca nos separó.

Había algo que nos unía de una manera difícil de explicar, como si, a través de Cecilia, una parte de mi abuela hubiera encontrado la forma de permanecer cerca de mí.

Ser la más pequeña de la familia también
significó llegar cuando algunas historias ya
estaban cerradas.

Cuando algunas personas ya no estaban.
Cuando algunos dolores ya habían aprendido a
callarse.

Y aun así, nunca sentí que faltara algo esencial.

Porque lo que mi abuela dejó… estaba.

Estaba en la forma en que mi padre nos amó.
En la manera en que sostuvo a su familia.
En el tipo de hombre que decidió ser.

Hoy entiendo que la familia no solo se construye
con lo que vivimos directamente, sino también
con aquello que nos fue heredado sin palabras.

Con las historias que no se cuentan… pero que
se sienten.
Con los amores que no conocimos… pero que
nos alcanzaron de alguna manera.

Mi abuela no aparece en mis recuerdos. Pero aparece en todo lo que mi padre es.

Y, a través de él… también aparece en mí.

Porque lo que ella sembró no terminó en su vida.

Continuó en la forma en que mi padre eligió ser hombre, en la manera en que amó, cuidó y sostuvo a su familia.

Y, sin darme cuenta, también llegó hasta mí:

en lo que valoro,
en lo que espero,
en la manera en que entiendo el amor.

A veces pienso en usted, abuela.

No como alguien lejano, sino como alguien que, de alguna manera, sí me alcanzó.

Me habría gustado conocerla.

Escuchar su voz.
Ver su mirada.

Pero también entiendo que, aunque no coincidimos en el tiempo, coincidimos en la vida.

Porque algo de usted llegó hasta mí: en mi padre, en mi familia, en lo que aprendí sin darme cuenta.

Y desde ese lugar… le doy las gracias.

Hoy comprendo que no necesito haberla conocido para reconocer su importancia.

Porque su legado no está en lo que recuerdo… está en lo que continúa.

Hay ausencias que no se llenan… pero sí se transforman.

Y la suya
no fue vacío.

Fue raíz.

Y yo soy parte de esa continuidad.

Capítulo 7

Aprender también era una forma de cuidado

Mis recuerdos de los primeros años de escuela están llenos de rutinas sencillas y mensajes claros.

Para entonces, mi padre trabajaba muchas veces por las noches, y nuestro trabajo, como él solía decir, era ir a la escuela.

No nos exigían perfección ni resultados extraordinarios. Nunca se trató de sacar las mejores calificaciones —aunque, siendo honesta, casi siempre lo hacía—, sino de algo más simple y más profundo: asistir, aprender y esforzarnos.

Mis padres creían en la educación como una herramienta de vida.

No desde la presión, sino desde la responsabilidad. Querían que aprendiéramos, que aprovecháramos la oportunidad de estudiar y que diéramos lo mejor de nosotros dentro de nuestras posibilidades.

Ese era el acuerdo.
Y era suficiente.

Era un pacto silencioso basado en la confianza.

Las mañanas comenzaban temprano, y no siempre eran fáciles para mí.

Desayunar a esa hora me costaba; mi cuerpo se resistía y a veces reaccionaba con mareo y lágrimas.

Mi padre insistía con calma.

Para él, el desayuno era importante, una forma de empezar bien el día y de estar listos para aprender.

Mi madre, con la misma intención de cuidado, intervenía y decía que quizá un desayuno más ligero era mejor para mí: un licuado, una malteada, algo que mi cuerpo pudiera recibir sin dificultad.

Así, entre ambos, encontraban la manera de cuidarme.

Yo me sentía escuchada, comprendida y profundamente amada por los dos.

Ese equilibrio entre firmeza y ternura fue una de las primeras formas en que entendí el amor.

Y aunque en ese momento yo no sabía
explicarlo, había algo dentro de mí que se sentía
segura.

No porque todo fuera perfecto, sino porque
sabía que no estaba sola.

Que si algo se complicaba, había alguien que me
iba a ayudar a entenderlo.

Que si algo me dolía, había alguien que iba a
intentar suavizarlo.

Y ese tipo de seguridad, cuando se siembra en la
infancia, se queda para siempre.

Pero si las mañanas tenían sus retos, las noches
también tenían lo suyo.

Después de trabajar largas jornadas, mi padre
llegaba a casa y, mientras mi madre atendía el
trabajo incansable del hogar, él se sentaba
conmigo a estudiar.

Mi madre también estaba ahí, aunque de una
forma distinta.

No sentada a resolver tareas, pero sí sosteniendo
todo lo demás.

Creando el espacio, el orden, la calma necesaria
para que ese momento pudiera existir.

Y con el tiempo entendí que ese tipo de
presencia también es una forma de enseñanza.

Mi padre me ayudaba con las tareas con paciencia, incluso cuando yo la perdía.

Recuerdo especialmente las matemáticas. No se me daban, y más de una vez terminé llorando, frustrada, diciendo que no podía.

Él nunca se desesperaba. Se acercaba, me miraba con atención y, con voz firme pero amorosa, me decía:

—Respira profundo, tranquila, y repite conmigo: sí puedo, porque sí puedes.

Luego añadía algo que se quedó grabado en mí:

—No hay nada que tengas pensado hacer que no te sea posible lograr.

En esos momentos, más que enseñarme números, me enseñaba a creer en mí.

Las matemáticas siempre se me dificultaron, y mi padre lo sabía.

No desde la exigencia, sino desde la observación atenta. Él notaba cuándo algo me costaba más y, en lugar de presionarme, buscaba otras maneras de ayudarme.

No todos aprendemos igual, y él lo entendía sin necesidad de teorías.

Recuerdo que hizo el esfuerzo de comprarme un cassette con canciones de las tablas de multiplicar de Topo Gigio. Hoy lo digo y sonrío.

Mis hermanos también sonríen de ese recuerdo cada vez que sale a la conversación.

Pero para mí, en ese momento, significó todo.

Gracias a ese cassette aprendí las tablas sin dificultad. Cantándolas. Repitiéndolas sin miedo. Jugando.

Mi padre entendió algo que yo tardé años en comprender: que encontrar la forma correcta de enseñar también es una manera profunda de amar.

No recuerdo el precio del cassette, pero sí recuerdo el gesto.

El tiempo.
La intención.

El mensaje silencioso de fondo:
"No estás sola. Vamos a encontrar la manera."

Esa tranquilidad también aparecía cuando las cosas parecían no tener solución.

Recuerdo una ocasión, cuando cursaba aproximadamente tercer grado.

Había pasado la tarde jugando y, sin darme cuenta, se hizo de noche. Olvidé por completo un proyecto importante que debía llevar a la escuela al día siguiente.

Me di cuenta hasta la mañana siguiente, cuando ya íbamos en camino y vi a una amiga cargando su proyecto en las manos.

Sentí una desesperación enorme.

No quería meterme en problemas, no sabía qué hacer.

Mi padre no se alteró.

Con la calma que siempre lo caracterizaba, me acompañó a la tienda de la esquina —de esas tienditas tan comunes en México— y compró algunos dulces.

Luego tomó un pedacito de un árbol seco, lo clavó en una pequeña base de madera y, juntos, empezamos a decorarlo con los dulces, como si fueran los frutos de un árbol en miniatura.

Yo estaba feliz. Orgullosa. No solo del proyecto, sino de él.

De su capacidad de resolver sin angustia, de su forma de convertir un problema en una oportunidad.

En otra ocasión, tuve que hacer un árbol
genealógico.

Mi padre volvió a sorprenderme.

Me ayudó a conseguir corteza del tronco de un
árbol y la pegamos en el tallo dibujado sobre la
cartulina, dándole textura y vida al proyecto.

Aquello no era solo una tarea escolar; era una
experiencia, una creación compartida.

Ambos proyectos —el árbol de dulces y el árbol
genealógico— fueron recibidos con entusiasmo
en la escuela y terminaron destacándose entre
los demás.

Pero más allá del resultado, lo que
verdaderamente se quedó conmigo fue la forma
en que mi padre enfrentaba cualquier dificultad:
con calma, ingenio y una confianza serena que
nunca se quebraba.

Hay recuerdos que parecen pequeños, pero que con el tiempo se vuelven reveladores.

Recuerdo que cuando tenía alrededor de seis o siete años, mis padres nos llevaban con frecuencia a cruzar la frontera los fines de semana.

Íbamos a Nogales, Arizona, a comer hamburguesas.

Para mí era una aventura.

No entendía de límites ni de países; solo sabía que íbamos juntos.

En una de esas ocasiones, mi padre y yo nos detuvimos en un monumento que está en el camino hacia el McDonald's.

Era una escultura de un niño que parecía correr, cargando unos libros bajo el brazo.

Mi padre me pidió que lo observara con atención.

Me tuvo ahí de pie lo que a mí me pareció una eternidad, aunque hoy sé que quizá fueron solo uno o dos minutos.

Me preguntó qué creía yo que significaba ese monumento.

No supe qué responder.

Me quedé en silencio, mirándolo, intentando entender algo que todavía no tenía palabras.

Después de un momento, mi padre habló.

Me explicó que era un monumento dedicado a un editor, a alguien que había sido parte importante de un periódico en Nogales.

Me dijo que representaba a un niño repartiendo periódicos… pero que para él siempre había significado algo más.

Un niño que corre con sus libros.
Un niño que aprende.
Un niño que entiende que la educación tiene valor.

En ese momento yo no entendí todo.

Era solo una niña, mirando algo que no sabía cómo interpretar.

Pero sí sentí algo.
Una pausa.
Una invitación a mirar más allá de lo evidente.

Y hoy entiendo que mi padre no solo quería que viera un monumento… quería que aprendiera a observar.

A preguntarme.
A pensar.

Porque para él, aprender no era solo repetir…
era entender.

Años después supe que ese monumento estaba relacionado con la historia del periódico Nogales Herald, uno de los primeros en permanecer en la ciudad.

Pero en ese momento, aunque no entendí realmente el mensaje, lo que se quedó conmigo no fue la historia exacta, sino la manera en que mi padre eligió explicármelo.

Yo no comprendí del todo en ese momento.

Pero hoy, al recordarlo, entiendo que esa fue otra de sus maneras de enseñarme sin dar lecciones largas.

Ese mismo espíritu de enseñanza se manifestaba fuera de la escuela, de una manera aún más profunda.

Hubo una etapa en la que mi padre decidió construir nuestra casa con sus propias manos.

No contrató a alguien para hacerlo desde el inicio.

Empezó él mismo, pico en mano, escarbando el cerro día tras día, después de largas jornadas de trabajo.

Llegaba cansado, sí, pero también feliz. Feliz de saber que estaba levantando un hogar para su familia.

Recuerdo verlo trabajar bloque a bloque, con paciencia y determinación.

Y recuerdo también cómo nos incluía.

Decía que así nos sentiríamos útiles y que aprenderíamos de la vida.

Yo me sentía profundamente feliz. Sentía que estaba ayudando, que formaba parte de algo importante, que tenía un propósito.

Ahora, viéndolo con los ojos de adulta, sonrío al pensarlo.

Probablemente no ayudábamos mucho… quizá incluso estorbábamos más de lo que aportábamos.

Pero eso no era lo importante. A mi padre le hacía feliz incluirnos.

Decía que algún día todos sus hijos podrían decir, con orgullo, que ayudaron a levantar su casa.

Y ese era el verdadero aprendizaje.

No solo aprender a construir una casa, sino aprender a construir dignidad.

A entender que el esfuerzo compartido une, que el trabajo enseña y que sentirse parte fortalece el corazón.

Esa manera de enseñar estaba profundamente
ligada a su fe.

Muchas de sus palabras venían acompañadas de
referencias a la Biblia, no como castigo ni
imposición, sino como guía.

Incluso cuando nos equivocábamos o no nos
portábamos tan bien, encontraba en las
Escrituras una forma amorosa de corregirnos, de
enseñarnos con paciencia y de recordarnos que
éramos capaces de más de lo que creíamos.

Hoy entiendo que la educación no solo estaba en
los libros.

Estaba en las manos cansadas que seguían
trabajando, en la paciencia para explicar, en la fe
que sostenía y en la tranquilidad con la que mi
padre enfrentaba los problemas.

Con los años entendí algo más.

Que todo eso
—las tareas, los proyectos, las palabras, los
pequeños momentos—
no eran cosas aisladas.

Eran una forma de construir algo dentro de mí.

Una base.
Una manera de pararme frente a la vida.

De mi padre aprendí que la educación no es solo adquirir conocimientos, sino una forma de cuidado y de amor.

Aprendí que quien te enseña con paciencia, quien cree en ti cuando dudas y quien busca maneras de ayudarte a crecer, no solo te está formando… te está sosteniendo.

Porque enseñar no siempre requiere palabras grandes; a veces basta con la presencia, la constancia y la fe en lo que el otro puede llegar a ser.

Y entendí que cuando alguien te dice "sí puedes" con el corazón, no solo te está dando ánimo…

te está regalando una forma de ver la vida.

Capítulo 8

El hombre que miraba más lejos

Con los años, he entendido que muchas de las decisiones que marcaron nuestra infancia tenían una raíz común: la manera en que mi padre miraba la vida.

No era una mirada superficial ni inmediata. No era una forma de vivir el día a día sin cuestionarlo.

Mi padre miraba más lejos. Siempre más lejos.

Y desde esa visión tomaba decisiones que, en su momento, quizá no comprendíamos del todo, pero que con el tiempo revelaban su propósito.

Mi padre es un ejemplo de hombre.

Lo digo hoy con la claridad que solo da el tiempo y con la gratitud que nace cuando una vida ha sido cuidada.

Aspiro, algún día, a tener su entereza. Aspiro también a ser la madre que mi madre fue para nosotros.

Ambos nos incluyeron siempre.

A todos sus hijos.

Nunca desde la imposición, sino desde la presencia constante, desde el acompañamiento que no asfixia, pero tampoco abandona.

Nuestra infancia pudo haber sido catalogada por otros como una infancia humilde, incluso pobre en términos económicos.

Pero yo nunca me di cuenta de eso.

Nunca sentí que algo faltara.

No nos faltó absolutamente nada.

Ni amor, ni atención, ni cuidado.

Y tampoco lo necesario en lo material.

Todo lo esencial estuvo siempre cubierto, incluso cuando el esfuerzo detrás no siempre se veía.

Había una dignidad silenciosa en la forma en que mis padres sostenían nuestro hogar.

Una dignidad que no necesitaba explicarse.

Y creo que eso fue lo más valioso de todo.

Que nunca vivimos desde la carencia.
No porque no existiera, sino porque nunca se nos hizo sentir.

Había una forma en que mis padres sostenían la vida que protegía nuestra mirada.

Nosotros veíamos lo que había, no lo que faltaba.

Y eso cambia la manera en que uno crece.

Porque cuando un niño crece sintiéndose suficiente, aprende a ver la vida desde la gratitud…no desde la falta.

Recuerdo con claridad mis juguetes favoritos:
las Polly Pocket de los años noventa.

Esas pequeñas figuras y casitas diminutas que
hoy se consideran "vintage" y que ahora son
carísimas porque ya no las fabrican.

Mi padre me las compraba.

Pensarlo hoy me conmueve profundamente.

No por el objeto en sí, sino por lo que
significaba.

Porque él sabía exactamente cuáles eran mis
favoritas.

Porque ponía atención.

Porque miraba a cada uno de sus hijos y se
detenía a conocer quiénes éramos, qué nos
gustaba, qué nos hacía ilusión.

Ese tipo de atención no es común.

Requiere presencia.
Requiere interés genuino.
Requiere amor.

Con el tiempo entendí que ese tipo de detalles no se tratan de dinero.

Se tratan de atención.

De mirar de verdad a los hijos. De detenerse lo suficiente como para conocerlos.

Porque mi padre no solo proveía… observaba. Sabía quién era cada uno de nosotros. Y ese tipo de amor no se improvisa.

Se construye con presencia.

Cuando nos vinimos a Estados Unidos, tuve que dejarlas en México.

Tenía diez años, y a esa edad dejar los juguetes es dejar una parte del mundo. Nos vinimos con poca ropa y sin juguetes.
En ese momento, eso era lo más importante para mí.

Hoy sonrío al recordarlo, pero entonces dolió.

Y aun así, incluso en ese desprendimiento, hubo
cuidado.

Nadie nos dijo que no importaba.
Nadie minimizó lo que sentíamos.

Se nos permitió sentir la pérdida, vivirla a
nuestra manera, y luego se nos mostró el camino
hacia lo que venía.

Esa también fue una forma de enseñarnos a
soltar sin sentirnos desprotegidos.

Emigramos porque mi padre consideró que vivir
en la frontera era peligroso.

Porque siempre estuvo buscando darnos un
mejor futuro.

No tomó decisiones desde el miedo, sino desde
la responsabilidad.

Desde esa conciencia silenciosa que lo
acompañó siempre: la de mirar más allá del
presente inmediato.

Recuerdo que mi padre viajaba a Tucson, Arizona, los fines de semana para trabajar con la música.

Le iba bien.

Sabía moverse, sabía trabajar, sabía cumplir.

Tenía una manera natural de abrirse camino, de encontrar oportunidades donde otros solo veían dificultad.

En uno de esos viajes conoció Las Vegas y se enamoró de la ciudad de las luces.

No de la fiesta ni del exceso, sino de la posibilidad.

De la vida que parecía abrirse paso entre el brillo y el movimiento.

De lo que podía construirse ahí.

Cuando se tomó la decisión de traernos, yo venía dormida en el autobús.

Eran alrededor de las seis de la mañana cuando el Greyhound entraba a la ciudad por el freeway 95.

Mi padre me despertó.

Yo estaba cansada, con sueño. Lo único que quería era seguir durmiendo. Pero él insistió.

Quería que mirara.

Quería que viera las luces de los casinos, la ciudad encendida, las calles brillando aun antes de que el día comenzara.

Quería que ese primer encuentro quedara grabado en mí.

Yo no lo entendí entonces.
Hoy sí.
Ese fue su modo de decirme, sin palabras:
"Mira. Todo esto también puede ser tuyo. No tengas miedo de soñar más grande."

Así es mi padre.

Un hombre que no solo tomaba decisiones, sino que explicaba la vida con actos.

Un hombre que entendía que los hijos no solo necesitan techo y comida, sino visión.

Necesitan horizonte.
Necesitan razones para caminar.

Mi padre siempre pensó en nosotros antes que
en él mismo.

No desde el sacrificio ruidoso, sino desde la
responsabilidad silenciosa.

Cada cambio, cada mudanza, cada jornada larga
de trabajo tenía un propósito claro: protegernos,
cuidarnos y abrirnos camino.

Nunca fue un hombre de grandes discursos.
No necesitaba hablar de valores porque los
vivía.

Nos enseñó dignidad trabajando.

Nos enseñó constancia llegando cansado, pero
presente.

Nos enseñó honestidad cumpliendo su palabra.
Y nos enseñó amor incluyéndonos, haciéndonos
parte de todo.

Nunca nos hizo sentir estorbo.

Al contrario, nos hacía sentir necesarios.
Útiles.
Importantes.

Desde pequeños aprendimos que éramos parte
del esfuerzo familiar, no una carga.

Que nuestra presencia sumaba.
Que nuestra voz importaba.
Que teníamos un lugar.

Hoy entiendo que ese tipo de crianza no es
casual.

Es el reflejo de un hombre que fue niño
demasiado pronto, que conoció la carencia, que
trabajó desde joven y que, aun así, eligió no
endurecerse.

Eligió ser tierno sin perder firmeza.
Eligió cuidar sin controlar.
Eligió guiar sin imponer.

Mi padre no fue perfecto, pero fue
profundamente íntegro.

Y esa integridad se sentía en lo cotidiano.

En los juguetes comprados con esfuerzo.
En los viajes largos.
En las decisiones difíciles.
En las despedidas.
En las llegadas.
En todo.

Ese es el tipo de hombre que es mi padre.

Uno que miraba más lejos.

Uno que entendía que el futuro no se hereda,
se construye.

Y que supo construirlo, paso a paso, para todos
nosotros.

Con los años también entendí que muchas de las decisiones que en su momento no comprendí, eran actos de amor adelantado.

Decisiones que no respondían al presente,
sino al futuro.

A un futuro que él ya estaba viendo
cuando nosotros todavía no sabíamos ni imaginar.

Y eso, mirarlo ahora desde la distancia, me conmueve profundamente.

Porque entiendo que hubo momentos en los que él cargó con dudas, con responsabilidad, con miedo tal vez… pero aun así eligió avanzar.

Elegir por nosotros.
Creer por nosotros.
Soñar por nosotros
cuando nosotros todavía no sabíamos cómo hacerlo.

Ese hombre que miraba más lejos sigue siendo hoy mi referencia.

No como un ideal inalcanzable, sino como un ejemplo posible.

Como una guía silenciosa que todavía me acompaña en cada decisión importante de mi vida.

De mi padre aprendí que amar también es saber mirar más allá del presente.

Que quien realmente te ama no solo cuida lo que eres hoy, sino que protege lo que puedes llegar a ser.

Aprendí que la verdadera responsabilidad no se anuncia, se vive.

Que las decisiones más importantes no siempre son las más fáciles, pero sí las que nacen del compromiso profundo con los que amamos.

Y entendí que tener visión es un acto de amor.

Porque quien se atreve a ver más lejos, también abre camino para los que vienen detrás.

Capítulo 9

Aprender a empezar de nuevo

Nuestra vida en Las Vegas comenzó con gratitud.

Llegamos a casa de unos conocidos que nos abrieron las puertas en un momento decisivo, y siempre llevaré ese gesto en el corazón.

Estuvimos ahí poco tiempo —quizá un par de semanas, cuando mucho—, pero fue suficiente para tomar aire, acomodar lo urgente y comenzar a reorganizar la vida.

A veces, empezar de nuevo no significa tener todo resuelto, sino tener un lugar donde detenerse lo suficiente para volver a tomar impulso.

Mi padre siempre valoró profundamente la privacidad de nuestra familia, especialmente por tener hijas mujeres.

No le gustaba depender demasiado de nadie ni extender la estancia más allá de lo necesario.

Así que, fiel a su manera de ser, no tardó en buscar nuestro propio espacio.

Rentó nuestro primer apartamento en North Las Vegas, en un área donde la mayoría éramos latinos inmigrantes: familias como la nuestra, comenzando desde cero, cargando historias, sueños y una misma esperanza silenciosa.

Ahí empezó realmente nuestra nueva vida.

Empezó con muchos sueños, con el deseo profundo de superarnos, de construir algo propio, de darle un nuevo sentido a todo lo que habíamos dejado atrás.

También había miedo —aunque no siempre se decía—, ese miedo que acompaña los comienzos, lo desconocido, lo que no se puede controlar.

Pero, aun con ese miedo, había algo más fuerte.

Nos sentíamos firmes.
Sostenidos.
Protegidos.

La presencia de mi padre lo cambiaba todo.

Había en él una seguridad que no necesitaba
explicarse, una manera de estar que hacía que,
incluso en medio de lo incierto, nada se sintiera
completamente inestable.

No teníamos todo resuelto.
No sabíamos exactamente cómo serían los días
que venían.

Pero sabíamos algo importante: estábamos
juntos.

Y mientras él estuviera ahí, con esa forma suya
de cuidar sin hacer ruido, de sostener sin
quejarse, de avanzar sin miedo visible…

sentíamos que íbamos a estar bien.

Pronto llegó el momento de inscribirnos en la escuela.

Mi hermano Moisés, el mayor de nosotros, entró a la high school.
Elizabeth fue registrada en middle school, y yo ingresé a elementary school, en quinto grado.

Todo ocurrió con rapidez, pero no sin cuidado.

Recuerdo que para poder iniciar clases tuvimos que cumplir con todos los requisitos del distrito escolar, incluidos los comprobantes de vacunas.

Hubo que recibir varias de nuevo —tal vez no todas el mismo día, pero sí suficientes como para que la experiencia se sintiera interminable—.

No fue agradable.

Pero era necesario.

Y mi padre nunca cuestionó esos procesos.

Para él, hacer las cosas bien era parte del cuidado.

Cumplir con lo requerido no era una carga; era una forma de protegernos.

Eso fue algo constante en su manera de vivir.

Aunque no terminó la escuela formalmente, siempre supo informarse, preguntar y seguir los procesos al pie de la letra.

Tenía una inteligencia práctica, una sabiduría construida en la experiencia, que le permitía moverse con seguridad incluso en terrenos desconocidos.

Gracias a esa forma responsable de actuar, pudimos ingresar a Estados Unidos de manera legal, con pasaporte y visa.

La vida nos dio el privilegio de no ponerla en riesgo para cruzar una frontera.

Y ese privilegio no fue casualidad.

Fue consecuencia de la previsión, la disciplina y la visión de mi padre.

Recuerdo las vueltas que nos daba en Nogales para obtener la visa.

Trámites, filas, preguntas, papeles.
Todo con paciencia.
Todo con orden.

Él sabía que ese esfuerzo valía la pena si significaba seguridad para su familia.

Ese respeto por la ley no era temor.
Era conciencia.
Era entender que cuidar también es prevenir.

Ya en la escuela, aunque no sabíamos el idioma,
la experiencia nunca fue amarga para mí.

Al contrario, la recuerdo con alegría.

Y fue en esa etapa donde volví a entender algo
que ya había aprendido desde niña… mi padre
siempre estaba.

Recuerdo una tarea escolar que tenía que hacer.

Era una maqueta sobre las tribus indígenas,
sobre cómo vivían, cómo eran sus casas.

Para mí, en ese momento, era algo importante…
pero también algo que no sabía cómo empezar.

Y como tantas otras veces, mi padre estuvo ahí.

Buscamos una de esas cajas planas donde
venían los refrescos de lata.
La usamos como base.

Recuerdo cómo comenzamos juntos.

Primero colocamos pegamento… y luego
empezamos a cubrir la superficie con tierra,
como si estuviéramos creando un pequeño
mundo.

Mis manos pequeñas ayudaban como podían,
mientras las suyas —firmes, pacientes— daban
forma a todo.

Fuimos haciendo las casitas, poco a poco,
intentando representar la vida de aquellas tribus
de la mejor manera que sabíamos.

No era solo una tarea.

Era tiempo juntos.
Era aprendizaje compartido.
Era su manera de enseñarme sin decirlo
directamente.

Recuerdo perfectamente cómo me sentía.

Emocionada.
Orgullosa.
Acompañada.

Y cuando llevé ese proyecto a la escuela… fue
uno de los mejores de la clase.

Pero hoy entiendo que lo importante nunca fue
eso. Fue que, una vez más, mi padre estuvo
presente.

A pesar del cansancio.
A pesar del trabajo.
A pesar de todo.

Siempre encontraba la manera de estar para
nosotros. Y esa presencia constante… fue una de
las formas más profundas en las que entendí el
amor.

Mi hermano Moisés siempre me acompañaba
caminando, y esa rutina me daba tranquilidad.

Su presencia hacía que todo se sintiera más fácil,
más seguro.

Todos los días, antes de llegar, pasábamos por
una tienda.

Mi padre me daba exactamente un dólar.
Ni más ni menos.

Con eso compraba unas Sabritas.

Y esa pequeña rutina se convirtió en uno de mis
recuerdos más felices.

Hoy lo pienso y sonrío: un dólar, unas papitas y
la certeza de no caminar sola.

A veces, la felicidad se construye con cosas
pequeñas que, sin darnos cuenta, sostienen el
corazón.

Hubo días que se quedaron grabados para siempre.

Como aquella mañana en la que mi padre nos despertó apresurado.

Había cambiado el horario —creo que lo habían retrasado una hora— y nosotros no lo sabíamos.

Salimos corriendo, mi hermano y yo, apurados, con el corazón acelerado.

Cuando llegamos a la escuela, estaba completamente vacía.

No había nadie.

Nos miramos confundidos… y luego nos dio risa.

Qué locura.

Hoy ese recuerdo me provoca ternura; entonces fue solo una aventura más.

Una de esas pequeñas historias que, sin importancia aparente, terminan siendo parte de la memoria que abraza.

Mientras tanto, mis hermanas mayores decidieron trabajar cuidando niños en casas de personas de confianza.

No por obligación, sino por elección propia.

Mi padre nunca exigió que sus hijos aportaran al hogar.

Siempre fue claro en algo: él no tuvo hijos para que lo mantuvieran.

El trabajo de mis hermanas era para ellas, para sus gustos, su independencia y sus propias decisiones.

Ese detalle, que podría parecer pequeño, en realidad decía mucho de su manera de ver la paternidad.

Mi padre continuaba trabajando en la música, y durante esos primeros años le iba bien.

Mi madre se encargaba del hogar, sosteniendo la rutina, la calma y el sentido de familia.

Así funcionaba nuestra casa: con un padre que asumía su responsabilidad sin delegarla, y con hijos que crecían sabiendo que el trabajo es una elección, no una carga impuesta.

También viajábamos con frecuencia.

Mi madre amaba compartir la palabra de Dios, y
en aquellos años —hablamos de 1997 y 1998—
íbamos a Mesquite casi todos los fines de
semana.

Para mí, esos viajes eran una aventura.

Desde que subíamos al carro, yo ya sentía
emoción.
No importaba tanto el destino, sino todo lo que
venía en el camino.

Miraba por la ventana sin cansarme, viendo
cómo el paisaje cambiaba, cómo el cielo se
extendía inmenso y cómo la carretera parecía no
terminar nunca.

Siempre nos deteníamos a comer hamburguesas
en algún restaurante de comida rápida, y para
mí eso era parte esencial del viaje.

Lo que más esperaba no era la comida.... era el
momento de correr hacia el playground.

Recuerdo la sensación de bajar del carro con
prisa, de querer llegar primero, de subir, bajar,
deslizarme, reír sin pensar en nada más.

El tiempo no existía ahí.

Eso era la vida.
Eso era felicidad.

Había algo especial en esos trayectos: el ruido del carro, las voces de mis padres, las risas entre hermanos, la sensación de ir juntos, de pertenecer a algo seguro, a algo nuestro.

No entendía entonces todo lo que significaban esos viajes.

No sabía de esfuerzo, ni de sacrificios, ni de todo lo que mis padres hacían para que nosotros estuviéramos ahí.

Pero sí sabía algo muy claro:
me sentía feliz.
me sentía cuidada.
me sentía parte de algo que no necesitaba explicarse.

Y con el tiempo entendí que esos momentos sencillos —la carretera, una hamburguesa, un juego en el playground— también eran una forma de amor.

Con el tiempo, sin embargo, algo comenzó a cambiar.

No de golpe, sino poco a poco.

Mi madre empezó a extrañar profundamente a su familia.

Extrañaba a mi nana Berna, una mujer amorosa, presente, imposible de reemplazar.

Esa nostalgia no siempre se decía en voz alta, pero se reflejaba en su mirada.

En los silencios.
En los momentos en que parecía estar lejos, aun estando con nosotros.

Mi padre lo notó.

Siempre lo notaba.

Tenía esa sensibilidad para percibir lo que no se decía, para entender lo que no se explicaba con palabras.

Y aunque Las Vegas ofrecía oportunidades, trabajo y estabilidad, mi padre entendía algo esencial: que un hogar no se sostiene solo con ingresos, sino con bienestar emocional.

Ver la tristeza en los ojos de mi madre fue suficiente para que reconsiderara todo.

Para él, el éxito nunca estuvo por encima de la paz familiar.

Fue entonces cuando tomó una decisión difícil, de esas que no se toman desde la comodidad, sino desde el amor profundo.

Porque empezar de nuevo no es algo que se haga una sola vez.

A veces, la vida pide volver a empezar… incluso cuando ya habías logrado avanzar.

Y aunque esa historia continúa en otro capítulo, lo que dejó en mí ese momento fue claro.

De mi padre aprendí que empezar de nuevo no es fracasar, sino tener el valor de elegir otra vez lo que es correcto.

Aprendí que hacer las cosas bien —aunque tomen más tiempo, aunque requieran más esfuerzo— es una forma de amor hacia uno mismo y hacia la familia.

Y entendí que la verdadera seguridad no está solo en un lugar o en una estabilidad económica, sino en las decisiones que se toman con conciencia, con responsabilidad y con el corazón puesto en el bienestar de los que amamos.

Porque quien sabe empezar de nuevo… nunca está perdido.

Siempre está construyendo.

Capítulo 10

Volver también fue una forma de amor

Nuestro regreso a Nogales no se sintió como una derrota dentro de casa, aunque para algunos vecinos así pudiera parecerlo.

Para mí, fue motivo de alegría.

Volvíamos a nuestra casa, a mis amigas, a la familia, a lo conocido.

Yo no entendía de lecturas externas ni de juicios ajenos.
No sabía lo que otros podían pensar de una familia que "regresa".

Solo sabía que volvíamos a un lugar que se sentía hogar.

Y eso era suficiente.

Con el tiempo he entendido que no todas las decisiones importantes se comprenden en el momento en que se viven.

Algunas solo se entienden cuando se miran hacia atrás, cuando la vida ya ha acomodado sus piezas.

La llegada, sin embargo, no fue del todo fácil.

Al entrar a nuestra casa descubrimos que, durante nuestra ausencia, alguien se había metido y había robado algunas de nuestras pertenencias.

Fue una tristeza silenciosa, de esas que no hacen escándalo pero se quedan un momento en el pecho.

Una sensación extraña de ausencia dentro de lo propio.

Mis padres siempre habían dejado la casa con todos los servicios básicos: luz, agua, teléfono.

Lo hacían por si algún día era necesario regresar de emergencia.

Esa costumbre, ese cuidado anticipado, permanece hasta hoy.

La casa de Nogales siempre ha estado lista. Como si supiera que la vida, a veces, pide volver.

Después de ese primer golpe, la vida fue
retomando su ritmo.

No de inmediato, pero sí con la constancia de
quien decide seguir adelante.

Regresamos, poco a poco, a la normalidad.

La rutina volvió a acomodarse.
Los días volvieron a tener estructura.
Y la casa, aunque distinta, volvió a sentirse
nuestra.

Mi padre retomó su trabajo y, de vez en cuando,
cruzaba la frontera a Tucson o a Las Vegas para
tocar música por periodos cortos.

Cuando regresaba casi siempre traía algo con él.

No eran grandes lujos, sino detalles: un
recuerdo, una comida, algo pensado para alguno
de nosotros.

Su manera de decir, sin palabras:
"Pensé en ustedes."

Mi madre volvió a ocuparse del cuidado del hogar con la misma entrega de siempre.

Con esa presencia constante que sostiene, que ordena, que cuida incluso en lo invisible.

Mis hermanos mayores regresaron a trabajar en las fábricas de Nogales.

No por obligación ni exigencia, sino porque así lo deseaban.

Si aportaban para los gastos del hogar era por decisión propia.

Mi padre nunca cambió en eso.

Él siempre fue claro: no tuvo hijos para que lo mantuvieran. Su responsabilidad era con nosotros, no al revés.

Y esa claridad nos dio libertad.

Libertad para crecer sin sentirnos carga.
Libertad para elegir.
Libertad para entender el trabajo como dignidad, no como deuda.

Nuestros días se llenaron de momentos sencillos.

Mirábamos partidos de fútbol, especialmente durante los mundiales.

La casa se transformaba en un espacio de emoción compartida, de gritos, risas y comentarios que iban y venían.

No había prisa.

Solo el disfrute de estar juntos.

Eran tiempos donde la riqueza no se medía en lo que se tenía, sino en lo que se compartía.

Hubo también viajes que marcaron esa etapa.

Viajábamos en tren desde Nogales hasta Culiacán.

Para mí, esos viajes eran lo máximo.

Había algo mágico en subir al tren, en encontrar nuestro lugar y sentir cómo, poco a poco, todo comenzaba a moverse.

El sonido de las ruedas sobre los rieles, ese ritmo constante que parecía acompañar el corazón, se volvía parte del viaje desde el primer momento.

Yo miraba por la ventana sin cansarme.

Veía pasar montañas, caminos, casas lejanas… y sentía que el mundo era enorme, pero al mismo tiempo cercano, como si todo estuviera ahí para ser descubierto.

El tiempo dentro del tren se sentía distinto.

Más lento.
Más ligero.

Como si no hubiera prisa por llegar.

Cuando el tren se detenía en algún pueblo, todo se llenaba de movimiento.

Personas subían y bajaban, y vendedores aparecían con canastas, voces y olores que aún hoy puedo recordar.

Y mi padre… siempre hacía lo mismo.

Nos compraba de todo.

Dulces, comida, antojitos.
Lo que se vendiera.

Para nosotros era una fiesta.

Recuerdo la emoción de elegir, de probar cosas nuevas, de compartir entre nosotros, de reír sin pensar en nada más.

Éramos felices.

Desde mi mirada de niña, no existía la preocupación por el dinero.

No sabía cuánto costaban las cosas, ni de dónde salía todo aquello.

Solo sabía que mi padre siempre encontraba la manera de darnos más de lo que necesitábamos.

Hoy lo pienso y me pregunto cómo lo hacía.

Cómo lograba sostener tanto, dar tanto, sin que nunca sintiéramos falta.

Pero en ese momento, eso no existía en mi mente.

Lo único que existía era la sensación de abundancia; de cuidado, de alegría compartida.

Y con el tiempo entendí que no era solo lo que compraba…. era la manera en que nos hacía sentir.

Como si, por un instante, en cada parada del tren, el mundo se abriera para nosotros.

Con los años, la vida volvió a moverse.

Parte de la familia de mi querida madre decidió venir a probar suerte en Nogales.

Llegaron y se quedaron en nuestra casa por algunos meses.

Eso cambió nuestra dinámica.

Para entonces, la casa ya contaba con dos pisos, y mis padres decidieron que mi tío y su familia vivieran en la parte de abajo, mientras nosotros nos acomodábamos arriba.

Fue un ajuste más.

Un acto de generosidad que no se anunciaba, pero se vivía.

Compartir espacio no siempre es fácil, pero en nuestra casa se hacía con paciencia y con la conciencia de que la familia también es sostén.

Recuerdo una tarde cualquiera, al regresar de la escuela.

Toda la familia estaba afuera de la casa, y yo no entendía por qué.

Había una energía distinta en el ambiente, una emoción contenida.

Entonces mi primo corrió hacia mí y me dijo, emocionado, que una Nissan azul era el carro que mi papá había comprado.

No le creí.

No podía imaginarlo.

Hasta que mi padre lo confirmó.

Sí, era verdad.

Con sacrificio, ahorro y constancia, mis padres habían logrado comprar un carro para la familia.

Fue una bendición.

Ese carro marcó una nueva etapa.

Ya no viajábamos en tren; ahora recorríamos el estado de Sonora por carretera.

Visitamos San Carlos, con su mar inmenso;
Hermosillo; Ciudad Obregón; Villa Juárez, y así
hasta llegar nuevamente a Culiacán, a visitar a
mi abuela Berna.

Cada viaje era una aventura.
Cada kilómetro, un recuerdo en construcción.

Éramos tantos que, en esos viajes, nos
acomodábamos como podíamos.

Recuerdo ir sentados en la cajuela de la troca,
felices, riendo, sin medir el peligro.

Desde ahí hacíamos señas a los tráileres para
que tocaran el claxon, y cuando lo hacían
estallábamos de emoción.

Para nosotros era un juego.
Una fiesta en movimiento.
La felicidad simple de estar juntos y de ir hacia
algún lugar.

Ahora, al recordarlo, no puedo evitar sonreír y
pensar: Dios mío.

Porque hoy sé algo que entonces no entendía.

Cada vez que sonaba el claxon, mi padre se preocupaba.

Pensaba que estaba manejando mal, que algo no estaba bien en la carretera. No sabía que éramos nosotros, atrás, jugando y celebrando el viaje.

Esa escena resume mucho de lo que fue nuestra infancia:

Nosotros viviendo la alegría sin miedo, y él cargando la responsabilidad sin quejarse.

Nosotros jugando, y él cuidando.
Dos miradas distintas sobre el mismo camino.

Fue también en ese carro donde viví una de las sorpresas más grandes de mi infancia.

Mi padre siempre fue muy estricto con la limpieza.

Nosotros, como niños, soñábamos con tener mascotas, perritos.

Pero él decía que requerían mucho cuidado, que no siempre podríamos atenderlos como merecían.

Aun así, en casa el tema de los perritos nunca dejaba de aparecer.

Mi hermano Moises, con su entusiasmo, había tenido varios… y a todos los llamaba igual: Rocky.

Rocky 1, Rocky 2, Rocky 3, Rocky 4… como en las películas que tanto le gustaban de Sylvester Stallone.

Nos da una nostalgia recordar.

Había algo inocente y divertido en eso, en esa manera de encariñarse una y otra vez, como si cada perrito fuera una nueva historia que comenzaba.

Pero en ese entonces, para mí, tener uno propio parecía imposible.

Yo ya había aceptado que quizá nunca tendríamos uno.

Hasta que un día llegó del trabajo con una sonrisa que nunca olvidaré.

Yo salí a recibirlo, como de costumbre.

Me acerqué a la ventana del carro y me pidió que mirara lo que traía.

Dentro había una pequeña bolita de pelos blanca.

Un perrito chiquito.

Por un momento me quedé en silencio… como si mi mente no alcanzara a entender lo que estaba viendo.

Y luego lo sentí.

Esa emoción que sube de golpe, que no cabe en el pecho, que te hace sonreír sin control.

No lo podía creer.

Era mío.
Era para mí.

Lo tomé con cuidado, casi sin respirar, como si
fuera algo demasiado frágil y demasiado valioso
al mismo tiempo.

Y en ese instante… me enamoré.

Lo amé sin conocerlo.
Lo amé sin pensarlo.

Pero más que al perrito… lo que sentí fue algo
más profundo.

Me sentí querida.
Me sentí vista.
Me sentí consentida de una manera que no sabía
explicar con palabras.

Como si mi padre hubiera visto un deseo que yo
ya había guardado en silencio…
y hubiera decidido hacerlo realidad.

Lo llamamos Peluche.

Peluche se convirtió en nuestra mascota más
preciada.

En una alegría inesperada.
En una prueba más de que, incluso cuando mi
padre ponía límites, también sabía sorprender.

Sabía observar, esperar el momento correcto…. y
regalar felicidad cuando menos se esperaba.

Hoy, al mirar atrás, entiendo que volver a
Nogales no fue un retroceso.

Fue una elección.

Una decisión tomada desde el amor, desde el
cuidado y desde la prioridad que siempre tuvo
mi padre: la familia.

La vida no siempre se mide por avanzar hacia
adelante, sino por saber regresar cuando es
necesario.

Nuestro regreso fue eso.

Un volver para seguir siendo.
Un volver para no perdernos.

Y en ese regreso, una vez más, mi padre nos
mostró que el verdadero éxito no está en lo que
se aparenta, sino en la paz con la que se vive.

De él aprendí que volver no es retroceder
cuando se hace por amor.

Que la vida no siempre sigue una línea recta, y
que saber regresar también es una forma de
sabiduría.

Que el verdadero valor no está en lo que otros
piensan de nuestras decisiones, sino en la paz
que esas decisiones traen a nuestro hogar.

Porque hay caminos que avanzan…. y hay
caminos que nos devuelven a lo esencial.

Y mi padre siempre supo elegir ese.

Capítulo 11

Los años de crecer

Mi vida de adolescente, en muchos sentidos, mantuvo la misma dinámica que había conocido desde niña.

Nuestra familia seguía siendo unida, y la casa continuaba llena de los mismos valores que mis padres habían sembrado desde siempre.

Había una estabilidad silenciosa en nuestra forma de vivir, una especie de equilibrio que, en ese momento, parecía natural, como si siempre hubiera sido así y siempre fuera a continuar.

Esa estabilidad no se hablaba, simplemente se vivía.

Estaba en las rutinas, en las conversaciones cotidianas, en la manera en que cada uno ocupaba su lugar dentro de la familia sin necesidad de explicarlo.

Yo no cuestionaba nada.
No analizaba lo que tenía.
Solo lo habitaba.

Y ahora, al mirarlo con distancia, entiendo que esa sensación de normalidad —esa tranquilidad que parecía tan simple— era en realidad una forma profunda de cuidado.

Los domingos seguían teniendo un significado especial para nosotros.

Eran días dedicados al estudio bíblico, a la reflexión y a pasar tiempo en familia.

Aquellos momentos formaban parte natural de nuestra vida, como una pausa necesaria dentro del ritmo de la semana.

No se sentían como una obligación, sino como un espacio donde se recordaban los principios que guiaban nuestro hogar.

Era, de alguna manera, un regreso al centro.

Un recordatorio de quiénes éramos y de lo que sostenía nuestra vida.

Claro que la adolescencia también trae consigo sus propias transformaciones.

Poco a poco fui descubriendo mi carácter, mis opiniones y mis emociones.

Empecé a mirarme con más conciencia, a cuestionar algunas cosas, a formar ideas propias.

Como ocurre con casi todos los jóvenes, la rebeldía apareció en pequeñas dosis.

No fue una rebeldía extrema ni destructiva, sino la que acompaña a esa etapa en la que uno empieza a buscar su lugar en el mundo.

A diferenciarse, a probar límites, a preguntarse quién es más allá de lo que ha aprendido.

Era una rebeldía silenciosa, interna, más de pensamientos que de acciones.

Aun así, el amor y la guía de mis padres seguían siendo el centro de nuestra vida.

Sus consejos, su ejemplo y su presencia nos mantenían firmes, incluso cuando nosotros comenzábamos a explorar nuestros propios caminos.

Había una libertad cuidada, un espacio para crecer sin perder dirección.

Mi padre continuaba viajando los fines de semana para trabajar como músico en Tucson y, en ocasiones, en Las Vegas.

Ese ritmo ya formaba parte de nuestra rutina familiar.

Se iba por trabajo, pero siempre regresaba.

Y esa constancia, ese ir y venir sin romper el vínculo, nos daba una sensación de estabilidad difícil de explicar.

Para nosotros era normal verlo preparar sus viajes y luego volver con historias, detalles o pequeños recuerdos que traía pensando en cada uno de nosotros.

No eran cosas grandes ni costosas, pero sí profundamente significativas.

Era su manera silenciosa de recordarnos que, incluso cuando estaba lejos, seguía presente.

Durante esos años también comenzaron a presentarse cambios importantes dentro de nuestro hogar.

Mis hermanas mayores, Cecilia y Miriam, tomaron la decisión de regresar a vivir a Las Vegas.

Para ellas era una oportunidad de construir su propio camino, de crecer desde su propia experiencia.

Pero para mí, significó algo completamente nuevo.

Sentir por primera vez el vacío que dejan las personas que amamos cuando se van.

La casa empezó a sentirse distinta.

No estaba vacía, pero sí diferente.

Había silencios donde antes había risas.
Espacios donde antes había compañía.
Rutinas que cambiaban sin pedir permiso.

Yo las extrañaba mucho.

No solo era su ausencia… era todo lo que se iba con ellas.

Las conversaciones espontáneas, las bromas sin sentido, esa presencia constante que uno da por hecha hasta que deja de estar.

Había momentos en los que volteaba, casi por costumbre, esperando encontrarlas… y no estaban.

Y ese pequeño instante —ese darse cuenta— era el que más dolía.

Fue ahí cuando empecé a entender algo que nadie me había explicado directamente: que crecer también significa aprender a soltar.

Con el tiempo, uno aprende que la familia no deja de ser familia cuando se separa físicamente, pero sí cambia de forma.

Se transforma.
Se adapta.

Después de un tiempo llegó otra noticia importante: una de mis hermanas decidió casarse.

Fue una mezcla de emociones.

Alegría por verla iniciar una nueva etapa en su vida, por saber que estaba construyendo algo propio.

Pero también tristeza… una tristeza silenciosa, de esas que no se dicen mucho, pero que se sienten profundo.

Porque junto con su felicidad, también se hacía más evidente la distancia que nos separaba.

Por esa misma distancia, no todos pudimos acompañarla en un día tan importante.

Solo mi madre pudo viajar para estar con ella.

Y aunque a todos nos hubiera gustado compartir ese momento, abrazarla y celebrar juntos, entendimos que la vida, a veces, impone circunstancias que no siempre podemos cambiar.

Y también eso forma parte de crecer: aceptar que no siempre se puede estar en todos los momentos importantes, aunque el corazón quiera.

Fue también durante esos años de adolescencia cuando comencé a descubrir algo que más adelante tendría un lugar muy especial en mi vida:
el amor por las palabras.

No sabría decir exactamente cuándo empezó.

No hubo un momento específico, una fecha o un evento que marcara el inicio.

Fue algo que fue creciendo poco a poco, casi sin darme cuenta.

Me fui dando cuenta de que escribir me gustaba.

Había algo en las palabras que me llamaba la atención.

Me gustaba leer, escribir, ordenar ideas en papel.

Pero más que eso… había algo que me hacía sentir libre.

Como si al escribir pudiera decir cosas que no siempre sabía cómo expresar en voz alta.

Como si las palabras me entendieran, incluso cuando yo no lograba entenderme del todo.

Era como si cada frase tuviera la capacidad de guardar pensamientos, emociones y recuerdos.

Como si escribir fuera una forma de poner orden dentro de mí.

En la secundaria decidí estudiar
taquimecanografía.

En aquel tiempo era una materia muy valorada
porque enseñaba a escribir con rapidez y
precisión en máquina de escribir.

Para mí era algo fascinante.

Recuerdo perfectamente el día en que mi padre
me compró mi primera máquina de escribir.

Era una de esas máquinas clásicas, pesadas, con
su rollo de tinta negra y roja.

Para mí era un verdadero tesoro.

No era solo un objeto.

Era una puerta.

La colocamos en casa y comencé a practicar.

El sonido de las teclas golpeando el papel se
volvió parte de mis días.

Tac, tac, tac…

Cada letra que aparecía en la hoja me llenaba de
emoción, como si estuviera construyendo algo
propio, algo que venía de mí y tomaba forma
frente a mis ojos.

Ahí entendí, sin saberlo, que escribir no era solo
una tarea… era una manera de existir.

Mi padre siempre mostró interés en todo lo que
tenía que ver con la escuela.

Cada proyecto, cada tarea, cada actividad
escolar era importante para él.

Siempre buscaba la manera de apoyarnos,
aunque eso significara hacer esfuerzos que en
ese momento quizá no comprendíamos del todo.

Pero en su forma de actuar también había una
enseñanza constante: hacer las cosas bien, poner
atención, ser responsables con lo que
comenzábamos.

Nunca me dijo "tienes que escribir".

Nunca me habló de talento ni de vocación.

Pero me enseñó algo más importante: me enseñó
a comprometerme.

A tomar en serio lo que hacía.
A dedicarle tiempo, cuidado y constancia.

Y sin darme cuenta… esa forma de ver la vida
también se convirtió en mi manera de escribir.

Con el tiempo entendí algo que entonces no veía
con claridad:
todo lo que él hacía por nosotros venía de
muchas horas de trabajo, de sacrificios
silenciosos y de un profundo deseo de darnos
oportunidades que quizá él no había tenido.

Recuerdo también cuando decidió inscribirme
en clases de inglés.

En aquel momento lo vi simplemente como otra
actividad escolar, algo nuevo que aprender.

Pero hoy entiendo que detrás de esa decisión
había algo mucho más grande:

su visión de futuro para nosotros.

Mi padre creía profundamente en la educación.

Creía que aprender era una puerta que podía
abrir muchos caminos.

Y aunque quizá no lo decía con grandes
discursos, lo demostraba con hechos.

Fue también durante esos años cuando la escritura dejó de ser solo una práctica escolar y se volvió un pequeño juego creativo en casa.

Mi hermano Moisés y yo nos sentábamos a imaginar historias.

Escribíamos guiones de películas con toda la seriedad del mundo, como si realmente estuviéramos preparando grandes producciones.

Inventábamos personajes, diálogos y escenas enteras.

En nuestras cabezas, aquellas historias eran extraordinarias.

No había límites.
No había reglas.
Solo imaginación.

Por supuesto, ninguno de esos guiones llegó jamás a Hollywood —ni mucho menos a Netflix—, pero eso nunca fue lo importante.

Lo verdaderamente valioso era el tiempo que compartíamos creando, riendo y dejando volar la imaginación.

Hoy recuerdo esos momentos con mucho cariño, porque más allá de los papeles y las historias inventadas, eran instantes de convivencia que fortalecían el vínculo entre hermanos.

A veces pienso que, sin saberlo, en esas hojas
llenas de ideas también estaba naciendo algo
más profundo:
mi amor por contar historias.

Mi manera de darle sentido a lo vivido.
Mi forma de guardar la memoria.

Hoy, al mirar hacia atrás, entiendo que aquellos
años de adolescencia no solo fueron una etapa
de crecimiento personal, sino también el inicio
de caminos que aún sigo recorriendo.

Fueron años de cambios silenciosos, de
aprendizajes internos, de pequeñas pérdidas y
grandes descubrimientos.

Y aunque entonces no lo sabía, esos años
tranquilos de adolescencia serían el último
periodo de calma antes de uno de los momentos
más difíciles que nuestra familia estaba por
vivir.

De mi padre aprendí que crecer no significa alejarse de lo que somos, sino construir sobre lo que nos enseñaron.

Aprendí que incluso en los años de cambio, de dudas y de búsqueda, tener una base firme hace toda la diferencia.

Y entendí que las pasiones que nacen en silencio —como el amor por las palabras— muchas veces son semillas que, con el tiempo, terminan definiendo nuestro camino.

Porque crecer no es solo cambiar.

Es descubrir quién eres…
y atreverte a convertirte en ello.

Capítulo 12

La noticia que llegó en silencio

Hay momentos en la vida que uno recuerda con una claridad que no se borra con los años; momentos que llegan de manera inesperada y que marcan un antes y un después en la historia de una familia.

Uno de esos momentos llegó una tarde de domingo.

Mi padre se encontraba trabajando en uno de sus viajes a Las Vegas. En casa, la vida seguía con su ritmo habitual.

Ese día, como muchos otros domingos, habíamos asistido al estudio bíblico.

Recuerdo que, al regresar a casa, veníamos mi mamá, mi hermana Cecilia y yo.

Todo parecía normal.

La tarde tenía esa tranquilidad de los domingos
que parecen repetirse sin sorpresa.
El aire se sentía en calma, como si nada fuera a
interrumpir el ritmo del día.

Yo no tenía ninguna preocupación.
No había prisa.
No había señales.

Era uno de esos momentos en los que la vida
parece mantenerse igual… sin avisar que está a
punto de cambiar.

Pero al acercarnos a la puerta, notamos algo
distinto: había una nota pegada.

Tomé el papel y, sin imaginar lo que estaba a
punto de leer, empecé a leer las palabras en voz
alta para que mi madre pudiera escuchar.

Al principio eran solo palabras que salían de mi
boca, como si estuviera leyendo cualquier otro
mensaje.

Pero mientras avanzaba en la nota, algo dentro
de mí comenzó a cambiar.

Fue como si, poco a poco, el sentido de esas
palabras empezara a alcanzarme.

Recuerdo ese instante con una claridad que
todavía me aprieta el corazón.

Mientras seguía leyendo, comprendí al mismo
tiempo lo que estaba diciendo.

Las palabras parecían hacerse más pesadas a
medida que salían de mi boca, como si cada una
trajera consigo el peso de una noticia que mi
corazón aún no estaba preparado para recibir.

Sentí que mi voz ya no era mía.
Como si alguien más estuviera leyendo por mí.

Había una parte de mí que quería detenerse,
que quería no seguir leyendo,
como si al no terminar la nota…
la realidad no se volviera completa.

Pero las palabras siguieron saliendo.
Y con cada una, algo dentro de mí se iba
rompiendo en silencio.

La nota anunciaba el fallecimiento de mi tata,
Valente.

En el mismo momento en que terminé de leer, entendí la magnitud de lo que acababa de pronunciar.

Sentí una tristeza profunda, como si las palabras hubieran atravesado el silencio de la tarde y hubieran caído directamente en el centro de nuestra casa.

Recuerdo levantar la mirada y ver a mi madre.

Sus ojos se llenaron de una tristeza inmensa.

Las lágrimas comenzaron a brotar mientras el silencio se hacía más pesado alrededor de nosotras, como si por un momento el tiempo se hubiera detenido.

Yo, aunque todavía era joven, solo podía pensar en mi padre.

Pensaba en lo triste que se iba a poner cuando recibiera la noticia.

Mi madre intentó comunicarse con él, pero en ese momento estaba trabajando y no logramos localizarlo.

También se avisó a mi hermana.

Mientras tanto, mi madre no se quedó paralizada por la tristeza.

Como muchas veces en su vida, reaccionó con determinación.

Rápidamente consiguió un boleto de autobús y comenzó su viaje desde Nogales hacia Villa Juárez, Sonora, para estar con la familia y comenzar los trámites necesarios.

Era un viaje largo, pero en momentos como ese lo único importante era llegar.

Yo hubiera querido acompañarla.

También quería estar cerca de mi padre en un momento tan difícil.

Pero se decidió que lo mejor era que me quedara. Pensaron que aquella despedida sería demasiado dura para mí.

Con el paso de los años he entendido que aquella decisión nació del amor y del deseo de protegerme.

Aun así, hay una parte de mi corazón que todavía se duele por no haber insistido más, porque hay despedidas que uno quisiera haber vivido, aunque duelan.

Y no haber podido despedirme de mi tata es una de esas ausencias que el tiempo no logra borrar del todo.

Mientras tanto, mi padre aún no sabía lo que había ocurrido.

Pasaron algunas horas antes de que finalmente pudieran localizarlo.

Cuando por fin recibió la noticia, el golpe debió ser profundo.

Perder a un padre es una de las experiencias más difíciles que puede atravesar un ser humano.

Mi padre, que siempre había sido el hombre fuerte de nuestra familia, también era un hijo que acababa de perder al suyo.

En ese mismo momento, emprendió el regreso a Nogales desde Las Vegas.

Imagino ese camino lleno de pensamientos, de recuerdos y de silencios.

Imagino también el peso del corazón cuando uno sabe que ya no volverá a escuchar la voz de su padre.

Cuando finalmente llegó a Nogales, lo hizo muy temprano por la mañana, justo al amanecer. Recuerdo ese momento con mucha claridad.

Desde la ventana del segundo piso, pude verlo llegar.

La luz de la mañana apenas comenzaba a iluminar la calle. Mi padre caminaba despacio. Tenía la cabeza inclinada hacia abajo.

Desde donde yo estaba, no podía ver su rostro; lo único que alcanzaba a distinguir con claridad era su sombrero.

Esa imagen se quedó grabada en mi memoria.

Hasta ese momento, yo siempre había visto a mi padre como un hombre fuerte.
Firme.
Seguro.

Pero al verlo así… algo cambió dentro de mí.

No porque dejara de ser fuerte, sino porque por primera vez entendí que también podía dolerle la vida.

Que también podía quebrarse por dentro… aunque siguiera caminando.

Y creo que ese fue el momento en que dejé de verlo solo como mi padre… y comencé a verlo como un hombre.

Un hijo.

Sentí una tristeza profunda al verlo así.

Era la primera vez que percibía de manera tan clara el peso del dolor que llevaba en el corazón.

Entró a la casa y nos saludó a mi hermana Cecilia y a mí.

No hubo muchas palabras.

A veces, el silencio también habla.

Sabíamos que estaba viviendo uno de los momentos más difíciles de su vida.

Después de ese breve momento, comenzó a prepararse para el siguiente viaje, hacia Villa Juárez.

Era el camino para despedirse de su padre.

Recuerdo verlo salir nuevamente de casa, llevando consigo ese dolor silencioso que a veces solo se expresa en la manera de caminar o en la forma en que alguien baja la mirada.

Y así, con el corazón lleno de tristeza, mi padre volvió a tomar el camino.

De lo que ocurrió después sé muy poco.

En nuestra familia nunca fuimos de hablar
demasiado sobre el dolor, y mucho menos sobre
ese.

Nadie quería hacer preguntas que pudieran
abrir nuevamente una herida en el corazón de
mi padre.

Así que los detalles de aquel velorio, de aquella
despedida final entre padre e hijo,
permanecieron en un espacio al que nunca
intentamos entrar.

Lo único que sé con certeza es lo que vi aquel
amanecer desde la ventana del segundo piso: la
figura de mi padre caminando con la cabeza
inclinada, su sombrero cubriendo su rostro y un
peso invisible acompañando cada uno de sus
pasos.

A veces pienso que ese fue el momento en que
comprendí algo que solo se entiende con los
años:

incluso los hombres más fuertes también tienen
días en los que el corazón se rompe…
y aun así, siguen caminando.

Hoy, al recordarlo, entiendo que ese día no solo marcó una pérdida.

Marcó también una comprensión.

La de que el amor entre padres e hijos no desaparece con la ausencia… solo cambia de forma.

Y que hay despedidas que no se dicen con palabras, pero se viven en silencio… para siempre.

Ahora entiendo que mi padre llevaba consigo una enseñanza que va más allá del dolor:

incluso cuando la vida nos quiebra, la fortaleza no está en ocultar la tristeza, sino en continuar con dignidad, con responsabilidad y con amor hacia los que nos rodean.

Aprendí que ser fuerte no significa no sentir, sino sostener a otros mientras sostenemos nuestro propio dolor.

Ese es el legado que mi padre me dejó aquel día: que el amor, la fe y la constancia son los pilares que nos permiten seguir, incluso cuando la pérdida parece insuperable.

Capítulo 13

Cuando la vida continuó

Cuando mis padres regresaron de Villa Juárez, la vida poco a poco volvió a acomodarse en casa.

No hubo grandes conversaciones sobre lo ocurrido.

Nadie hacía demasiadas preguntas, y mi padre tampoco hablaba mucho del tema.

Era como si todos entendiéramos que había momentos en los que lo más respetuoso era simplemente acompañar en silencio.

Había una quietud distinta en la casa.

No era un silencio vacío… era un silencio que se sentía acompañado.

Como si todos estuviéramos ahí, pero con una parte de nosotros mirando hacia otro lugar.

Nadie decía mucho, pero todos sabíamos que algo importante había cambiado, aunque la vida siguiera moviéndose igual por fuera.

Mi padre volvió a su rutina de trabajo, a sus viajes y a sus responsabilidades.

Desde afuera, todo parecía seguir igual.

La vida continuaba con el ritmo que siempre había tenido: la casa, la escuela, el trabajo, los domingos de estudio bíblico y los pequeños momentos cotidianos que llenaban nuestros días.

Pero yo sabía que algo había cambiado..

Fue en esa etapa cuando comencé a ver a mi padre de una manera distinta.

Hasta entonces yo lo había visto principalmente como lo que siempre había sido para mí: mi padre.

El hombre fuerte de la casa, el que trabajaba, el que cuidaba de todos nosotros, el que encontraba soluciones cuando algo se complicaba.

Pero después de la muerte de su padre, empecé a comprender algo que antes no había pensado con tanta claridad.

Mi padre también era un hijo.

Y entender eso cambió mi forma de verlo.

Porque hasta ese momento, para mí, mi padre había sido una figura completa, segura, inalterable.

Pero ese día comprendí que antes de ser todo eso… había sido alguien que también necesitó a su propio padre.

Y que perderlo no solo era una ausencia… era una herida que no se explica, pero que se queda.

Un hijo que acababa de perder al hombre que lo había formado.

Con el paso del tiempo, empecé a notar pequeños detalles que antes quizá me pasaban desapercibidos.

Había momentos en los que parecía quedarse pensando, como si algún recuerdo cruzara por su mente.

Otras veces mencionaba a su padre en alguna conversación sencilla, casi al pasar.

No eran grandes demostraciones de tristeza.

Pero en esos pequeños gestos se podía sentir el espacio que aquella ausencia había dejado.

Y fue entonces cuando comprendí algo que solo se aprende con los años: muchas veces los padres cargan historias, recuerdos y dolores que los hijos apenas alcanzamos a entender cuando crecemos.

Pero también sucedió algo que cambió dentro de mí.

No sabría explicar exactamente cuándo ocurrió, ni en qué momento preciso nació ese sentimiento.

Tal vez fue en medio del silencio, en la manera en que mi padre sostenía su dolor sin decirlo, o en la forma en que el nombre de mi tata empezaba a sentirse distinto… más presente en su ausencia.

Aun siendo apenas una adolescente, algo en mi corazón hizo una promesa en silencio.

Una de esas promesas que no se dicen en voz alta, pero que se sienten profundas y definitivas.

Me prometí que, algún día, si la vida me daba la oportunidad de tener un hijo varón, llevaría su nombre.

Valente.

En honor a ti, tata.

Era mi manera, aunque no lo entendiera del todo, de no dejar que tu nombre se quedara en el pasado.

De asegurarme de que, de alguna forma, seguirías siendo pronunciado, recordado, presente.

Porque hay nombres que no deberían desaparecer.

Y el tuyo… era uno de ellos.

No como una obligación… sino como una forma de mantenerte vivo en nuestra historia.

Como una manera de decir que lo que fuiste no terminó contigo, que tu nombre, tu esencia y lo que sembraste seguirían caminando con nosotros.

En ese momento no entendía del todo el peso de esa promesa.

No sabía lo que la vida traería, ni si algún día llegaría a cumplirla.

Pero sí sabía algo: había nacido desde el amor.

Y las cosas que nacen desde el amor… rara vez se olvidan.

Con el tiempo, la vida siguió su curso.

Los años pasaron.

Y un día, esa promesa encontró su lugar en la realidad.

Mi primer hijo varón lleva su nombre:

Ángel Valente.

Y cada vez que pronuncio su nombre, hay algo en mí que se conecta con esa promesa que hice siendo apenas una adolescente.

Es como si el tiempo se uniera.

Como si esa decisión, nacida en silencio, hubiera encontrado su lugar exacto en la vida.

Y entonces entiendo… que algunas promesas no se olvidan porque no nacen de la mente, nacen del alma.

Y en él, de alguna manera, esa historia continúa.

La vida siguió avanzando.

Mis estudios continuaron, la rutina familiar siguió su curso y mi padre continuó trabajando con la misma responsabilidad de siempre.

Su compromiso con la familia nunca cambió.

Si algo aprendí en esa etapa fue que la fortaleza no siempre se ve en grandes palabras o gestos dramáticos.

A veces, la verdadera fortaleza está en levantarse cada día, seguir trabajando, seguir cuidando de los demás y seguir caminando, incluso cuando el corazón lleva consigo una tristeza profunda.

Hoy sé que ese momento no solo marcó a mi padre… también me marcó a mí.

Porque fue ahí donde comencé a entender que la vida no siempre se trata de evitar el dolor…sino de aprender a vivir con él sin dejar de amar.

Con su ejemplo, aprendí que la verdadera
fortaleza no es la ausencia de dolor,
sino la manera en que uno continúa viviendo
con amor, con responsabilidad y con dignidad,
aun cuando el corazón está cargado de tristeza.

Esa es la lección que me dejó mi padre:

que la vida sigue, que el dolor se integra y que
caminar con el corazón abierto, incluso después
de una pérdida, es la forma más profunda de
honrar a quienes amamos.

Capítulo 14

Volver a empezar, por amor

Con el paso del tiempo, nuestra familia volvió a tomar un camino que cambiaría nuevamente nuestras vidas: regresar a Las Vegas.

En ese momento, para nosotros como hijos, aquello se sentía como una nueva etapa llena de posibilidades.

Era otro comienzo, otro lugar, otra oportunidad de crecer.

Había emoción. Había curiosidad. Había esa sensación de estar por descubrir algo nuevo.

Pero también había algo más que en ese momento no sabíamos nombrar: una mezcla de emoción y despedida.

Porque aunque íbamos hacia algo nuevo, también estábamos dejando atrás una parte de nuestra historia.

Y aunque de niños uno no entiende del todo lo que significa irse, sí siente cuando algo cambia.

Se siente en el ambiente, en las conversaciones, en la forma en que los adultos miran un poco más en silencio.

Ahora entiendo que, para mis padres, aquella decisión significaba algo mucho más profundo.

Significaba volver a empezar.

Dejar atrás nuevamente lo que ya habían construido. Separarse de la cercanía de la familia, de los lugares conocidos y de la estabilidad que habían logrado en Nogales.

No era una decisión sencilla.

Era una de esas decisiones que no se toman desde la comodidad… sino desde el amor.

Recuerdo ese momento de preparar todo.

Las cosas que se llevaban.
Las que se dejaban.

Siempre hay algo que no cabe en las maletas.

No solo objetos… también recuerdos, costumbres, pedazos de vida.

Y aunque uno intenta llevarse lo más importante, siempre hay algo que se queda atrás.

Porque empezar de nuevo no es solo cambiar de
lugar.

Es soltar lo que ya era seguro.
Es enfrentarse otra vez a lo desconocido.
Es aceptar que el camino no está garantizado…
y aun así avanzar.

Sin embargo, mis padres siempre tuvieron una
manera muy particular de mirar la vida: ellos
pensaban en el futuro.

Y cuando pensaban en el futuro… pensaban en
nosotros.

Hoy entiendo que muchas de las decisiones más
importantes que tomaron no estaban guiadas
por lo que era más cómodo para ellos, sino por
lo que creían que podía abrir más oportunidades
para sus hijos.

Mis padres siempre fueron personas
trabajadoras, pero más allá del trabajo había
algo que los movía constantemente:

el deseo de darnos una vida mejor.

No hablaban mucho de sacrificios ni de renuncias. Nunca se presentaron como víctimas de las circunstancias.

Simplemente hacían lo que creían necesario.

Avanzaban.
Decidían.
Sostenían.

Con una fuerza que, en ese momento, yo no alcanzaba a dimensionar.

Con los años he comprendido que eso también es una forma muy profunda de amor.

Porque muchas veces el amor de los padres no se expresa con grandes discursos… sino con decisiones difíciles que se toman en silencio.

A veces, con el paso del tiempo, he escuchado a algunas personas hablar de generaciones anteriores como si hubieran sido conformistas, como si hubieran aceptado la vida tal como venía sin aspirar a algo más.

Pero cuando pienso en mis padres y en mis abuelos, sé que esa idea está muy lejos de la verdad.

La historia de nuestra familia demuestra
exactamente lo contrario.

Mis padres no fueron personas conformistas.

Fueron personas valientes.

Personas que tomaron decisiones difíciles, que
dejaron atrás lugares conocidos y que
comenzaron de nuevo más de una vez con la
esperanza de abrir mejores caminos para sus
hijos.

El simple hecho de que muchos de nosotros
hayamos nacido o crecido en Estados Unidos es,
en sí mismo, una muestra de esa visión de
futuro que siempre tuvieron.

Ellos no hablaban mucho de sueños ni de planes
a largo plazo.

No eran de hacer grandes discursos sobre el
porvenir.

Pero sus acciones hablaban por ellos.

Cada mudanza, cada nuevo comienzo, cada
sacrificio silencioso llevaba consigo una misma
intención: que sus hijos tuvieran más
oportunidades que las que ellos habían tenido.

Eso no es conformismo.
Eso es amor que mira hacia el futuro.

A veces pienso en todo lo que mis padres
dejaron atrás para darnos oportunidades.

Cambiaron de ciudades, comenzaron de nuevo
más de una vez y enfrentaron incertidumbres
que nosotros, como hijos, apenas alcanzábamos
a comprender.

Y aun así, nunca dejaron de mirar hacia
adelante.

Desde esa mirada he llegado a comprender algo
que antes solo intuía:

muchas veces los padres cargan con sacrificios
que los hijos solo logramos dimensionar cuando
somos adultos.

Y cuando uno finalmente lo entiende… nace
también un deseo profundo de honrar ese amor.

Porque cuando miro todo lo que mis padres
hicieron por nosotros, no puedo evitar
preguntarme:
¿cómo no querer superarme?
¿cómo no querer construir algo bueno con la
vida que ellos ayudaron a abrir para mí?

Después de todo, mis padres me lo dieron todo.

Recuerdo cómo, poco a poco, nuestra vida
volvió a acomodarse en esta nueva etapa.

Nada fue inmediato.
Nada fue perfecto desde el inicio.

Pero, como siempre, encontramos la manera.

Recuerdo esos primeros días. Todo era distinto:

las calles,
el idioma,
las rutinas.

Había momentos en los que todo se sentía
nuevo… y otros en los que todo se sentía lejano.

Pero poco a poco fuimos encontrando nuestro
lugar. Como siempre lo habíamos hecho.

Juntos.

Cada uno de nosotros continuó buscando su propio camino, y yo también comencé a pensar más seriamente en mi futuro.

Había algo que nunca había desaparecido de mí: mi amor por las palabras.

La escritura seguía siendo una parte importante de mi vida, algo que me acompañaba de manera natural.

Era un lugar al que siempre podía volver. Un espacio donde podía entenderme, ordenarme y sentirme cerca de mí misma.

Sin embargo, cuando llegó el momento de decidir qué estudiar, tomé un camino diferente.

Decidí prepararme como asistente médico.

Era una profesión que ofrecía estabilidad y la posibilidad de construir una vida independiente, así que me dediqué a mis estudios con disciplina y determinación.

No fue una decisión tomada a la ligera.

Había en mí una mezcla de responsabilidad y deseo. Quería construir algo propio… pero también honrar todo lo que mis padres habían hecho por nosotros.

Quería que su esfuerzo tuviera eco en mi vida. Que todo lo que habían sembrado… diera fruto.

El día que me gradué fue uno de esos momentos
que se quedan grabados en el corazón.

Mis padres estaban orgullosos de mí.

Se podía ver en sus miradas, en sus sonrisas y en
la forma en que celebraron ese momento
conmigo.

Esa forma en la que me veían… como si en ese
instante todo hubiera valido la pena.

No era solo orgullo.
Era tranquilidad.

Como si, por un momento, pudieran respirar y
decir en silencio:

"Lo logramos."

En ese instante entendí algo muy profundo: mis logros también eran suyos.

Porque cada paso que yo daba… estaba sostenido por todo lo que ellos habían construido antes.

Hoy entiendo que, para ellos, cada logro de sus hijos era también una pequeña recompensa por todos los esfuerzos que habían hecho en el camino.

Porque cuando los padres ven a sus hijos avanzar… también sienten que todo lo que hicieron valió la pena.

Y he aprendido, mirando a mis padres, que el amor verdadero no siempre se mide en palabras o gestos grandilocuentes.

Se mide en decisiones difíciles.
En sacrificios silenciosos.

En la constancia de caminar siempre hacia adelante… incluso cuando empezar de nuevo significa dejar atrás lo conocido.

Ese es el legado que me dejaron:

la valentía de reiniciar, la fuerza del amor
silencioso, y la certeza de que todo esfuerzo
hecho por los hijos…

siempre tiene un propósito mayor.

Porque hay quienes avanzan… y hay quienes,
con cada paso, abren camino para otros.

Y mis padres no solo caminaron su propia
vida… la construyeron para que nosotros
pudiéramos llegar más lejos.

Capítulo 15

Cuando los hijos empiezan a volar

La vida, poco a poco, fue entrando en una nueva etapa.

Después de terminar mis estudios y comenzar a construir mi propio camino, también empezaron a llegar nuevas experiencias, nuevas decisiones y nuevas emociones que forman parte natural de la vida de cualquier joven.

Era el tiempo en que uno empieza a descubrir el mundo con otros ojos.

Aunque muchas cosas estaban cambiando, había algo que seguía siendo constante: la presencia de mis padres.

Su forma de acompañarnos nunca fue controladora ni rígida.

Más bien, era una guía silenciosa.
Una presencia firme que nos recordaba los valores con los que habíamos crecido.

Mi padre siempre fue un hombre de principios.

No necesitaba repetir constantemente lo que esperaba de nosotros, porque su ejemplo hablaba por sí mismo.

Habíamos crecido viendo su responsabilidad, su dedicación al trabajo y el amor profundo que sentía por nuestra familia.

Eso, sin darnos cuenta, se convirtió en una brújula para nuestras propias decisiones.

Con el tiempo también llegó el amor.

En mi vida apareció un buen hombre, alguien con quien comencé a imaginar un futuro.

Como sucede en muchas historias de juventud, el amor llegó con ilusión, con esperanza y con el deseo de construir una vida juntos.

Decidimos casarnos.

Yo era joven, llena de sueños y con la convicción de que estaba dando un paso importante hacia la vida adulta.

Recuerdo los días previos con una mezcla de emociones difíciles de describir.

Había emoción, nervios, ilusión… y también ese pequeño vértigo que se siente cuando sabes que algo importante está a punto de cambiar.

Todo parecía moverse rápido.

Los preparativos, las conversaciones, los detalles que poco a poco iban tomando forma.

Pero en medio de todo eso, había momentos en los que me detenía… y sentía.

Sentía que estaba dejando atrás una etapa de mi vida.

No como una pérdida… sino como una transición.

Recuerdo el día de mi boda con una claridad especial.

Los sonidos.
Las voces.
El movimiento de las personas.
La emoción en el ambiente.

Todo parecía envuelto en una energía distinta.

La familia reunida.
Los abrazos más largos.
Las miradas que decían más de lo que las palabras podían expresar.

Y yo… en medio de todo eso, tratando de guardar cada instante.

Porque en el fondo sabía que ese día no se repetiría.

Recuerdo también a mi madre.

Lo hermosa que se miraba. Había en ella una luz especial ese día. No solo por lo que llevaba puesto… sino por lo que transmitía.

Su mirada tenía algo distinto: una mezcla de alegría, orgullo… y esa emoción profunda que solo una madre puede sentir al ver a su hija dar un paso tan importante.

La observé en silencio por un momento.

Y entendí algo que no había pensado antes: ese día no solo era importante para mí… también lo era para ella.

Había en su presencia una calma que me sostuvo.

Como si, aun en medio de todo, me recordara que todo estaba bien.

Que estaba lista.

Mientras para mí todo era emoción y entusiasmo, mi padre vivía ese momento de una manera más silenciosa.

Yo era la más pequeña de sus hijas.

Y aunque nunca fue un hombre de expresar demasiado sus preocupaciones, entendí que en su corazón se mezclaban muchas emociones: orgullo, amor… y también la preocupación natural de un padre que ve a su hija menor comenzar su propia vida.

Mi padre siempre había sido un hombre protector.

Había dedicado su vida a cuidar de su familia, a proveer y a guiarnos con su ejemplo.

Por eso, entregarme en matrimonio no era solo parte de una ceremonia.

Era también un acto lleno de significado.

Pero antes de caminar hacia el altar, hubo un instante que guardo con especial claridad.

Un momento pequeño… pero profundamente importante.

Estábamos juntos.

No recuerdo exactamente las palabras… pero sí la sensación.

Esa cercanía.
Ese silencio compartido.

Como si ambos supiéramos que algo estaba por cambiar, aunque no fuera necesario decirlo en voz alta.

El día de mi boda estuvo lleno de emociones.

Pero uno de los momentos que más se quedó grabado en mi memoria fue caminar hacia el altar tomada del brazo de mi padre.

Aquel momento tenía un significado profundo.

No era solo el acto simbólico de acompañar a su hija hacia el inicio de un nuevo capítulo. Era también la culminación de años de cuidado, de enseñanzas y de amor.

Recuerdo cómo su mano, firme pero cálida, se entrelazó con la mía.

En ese instante, todo se volvió más lento.

Como si el tiempo quisiera darme la oportunidad de sentirlo todo con más claridad. Sentí la seguridad que me había dado desde niña.

Ese sostén invisible que siempre había estado ahí.

Pude notar la emoción en su mirada.

Sus ojos, habitualmente tranquilos y serenos,
brillaban con orgullo…
con amor…
y con una tristeza suave que no necesitaba
palabras.

Era la mirada de un padre que sabe que su hija
está lista… pero que también entiende que ese
momento marca un antes y un después.

Mientras avanzábamos por el pasillo, sentí algo
muy profundo dentro de mí.

No era miedo.

Era gratitud.

Gratitud por todo lo que había vivido.

Por todo lo que él me había dado.

Por todo lo que me había enseñado sin
necesidad de decirlo.

No se mencionaron muchas palabras.

Su presencia hablaba más fuerte que cualquier discurso.

En ese momento entendí algo que solo se comprende con el tiempo: los padres nos enseñan a caminar por la vida… incluso cuando llega el día en que deben soltarnos para que caminemos por nuestra cuenta.

Y aunque mis manos dejaban la suya para tomarse de mi esposo, no sentí angustia.

Sentí paz.

Porque sabía que todo lo que necesitaba para avanzar… ya vivía en mí.

Ese fue uno de esos momentos.

Un momento donde el orgullo y la emoción se encontraron con el silencio de un amor profundo.

Y aunque ese día marcaba el inicio de mi propia familia, también llevaba conmigo algo que nunca cambiaría: las enseñanzas de mi padre, que seguirían acompañándome en cada paso de la vida.

He aprendido, desde entonces, que soltar a quienes amamos no significa dejar de protegerlos.

Significa confiar en que lo que sembramos con amor, cuidado y ejemplo… continuará guiando sus pasos.

Ese es el legado que mi padre me dejó: la fuerza de los valores, la importancia del amor constante, y la certeza de que, aunque los hijos vuelen… siempre llevan consigo lo que aprendieron en casa.

Y al recordar aquel día, comprendo que no solo me entregó a otro… me enseñó la forma más profunda de amar: amar con libertad, respetar los caminos propios, y saber soltar… sin dejar de estar.

Capítulo 16

El amor que se hereda

Con el paso de los años, la vida siguió avanzando.

Formé mi propia familia.
Llegaron mis hijos y, con ellos, una nueva manera de entender el amor.

Un amor más profundo, más consciente… un amor que ahora podía ver desde el lugar de madre.

Fue entonces cuando muchas cosas comenzaron a tomar un nuevo sentido.

Lo que antes veía como cuidado… ahora lo entendía como entrega.

Lo que antes sentía como presencia… ahora lo reconocía como amor constante.

Y fue entonces cuando también comencé a ver a mis padres desde otro lugar.

No solo como mis padres, sino como abuelos.

Y en ese nuevo papel, algo seguía siendo exactamente igual: su manera de amar.

Mis hijos crecieron con el mismo cariño, la misma atención y la misma presencia que yo había recibido.

Los aman profundamente.
Los respetan.
Y encuentran en ellos ese refugio seguro que solo los abuelos saben ofrecer.

Ese lugar donde todo se siente bien,
donde el tiempo parece más suave
y donde el amor no necesita condiciones.

Pero no solo ellos.

Con el tiempo, la familia siguió creciendo, y mis padres continuaron haciendo lo que siempre han hecho: cuidar.

He sido testigo de cómo, aun con el paso de los años, siguen estando presentes.

Guiando.
Acompañando.
Sosteniendo.

Como si el amor no se cansara.

Como si el tiempo no lo desgastara… sino que lo hiciera más profundo. Y en medio de todo eso, también hemos creado nuevos recuerdos.

Hoy, cuando viajamos juntos, cuando salimos a comer o simplemente compartimos tiempo, hay algo dentro de mí que se despierta.

Vuelvo a sentirme niña.

Como en aquellos viajes en tren.
Como cuando íbamos a Mesquite.
Como cuando una parada en un restaurante de comida rápida era suficiente para hacerme feliz.

Y entonces los miro.

A mis padres.

Y por un momento… ya no los veo solo como mamá y papá.

Los veo distintos.

Los veo más ligeros.

Casi como si pudiera ver en ellos a los niños que alguna vez fueron.

Como si, por un instante, la vida les devolviera algo de esa inocencia, de esa libertad, de esa alegría sencilla que tal vez en algún momento les hizo falta.

Y hay algo profundamente conmovedor en eso.

En verlos reír.
En verlos disfrutar.
En verlos estar.

Porque entonces entiendo que el tiempo no solo avanza… también devuelve.

Y en esos momentos, en silencio, nace en mí un deseo muy profundo.

Uno que no siempre se dice en voz alta… pero que se siente.

Si las otras vidas existen… yo le pediría a Dios que me permita algo: ser la madre de mis padres.

Para poder darles todo el amor que ellos me dieron.

Para cuidarlos.
Para sostenerlos.
Para protegerlos.

Para darles, tal vez, aquello que en algún momento de su infancia les faltó.

No desde la tristeza… sino desde el amor.

Porque cuando uno comprende todo lo que ha recibido… también nace el deseo de devolver.

Y aunque la vida no siempre permite que las historias se repitan de esa manera… sí nos permite algo igual de valioso:

cuidarlos ahora.
amarlos ahora.
estar ahora.

Mi padre, incluso hoy, sigue compartiendo su amor por la música.

Ver a mi sobrino acompañarlo, aprender de él, caminar a su lado en ese mundo que tanto ama… es ver cómo su legado sigue vivo.

Es ver cómo algo que comenzó en él… continúa en otros.

Porque hay cosas que no se enseñan con palabras.

Se enseñan con el ejemplo.

Y ese ejemplo sigue alcanzando a nuevas generaciones.

Hoy, cuando miro a mi familia, entiendo que el amor de mis padres nunca fue solo para nosotros.

Fue una semilla.

Una que se sembró en silencio… y que hoy crece en muchos corazones.

Una que sigue dando fruto.
Una que sigue tocando vidas.

Incluso más allá de lo que ellos mismos imaginan.

Y entonces comprendo algo con claridad: el amor de un padre no termina.

Se transforma.
Se multiplica.
Y se queda.

Al escribir este libro, comprendí que no solo quería contar historias, sino honrar la vida de mi padre en vida.

Quería que él supiera cuánto impacto tuvo en mí, en quienes lo rodean y en las generaciones que vienen después.

Quería dejar un testimonio tangible… un espejo de gratitud y reconocimiento.

Cada página que escribí estuvo impregnada de recuerdos.

De momentos sencillos… que con el tiempo se volvieron grandes enseñanzas.

Momentos que solo uno comprende con los años: cómo se construye un hogar con amor silencioso, cómo se guía con firmeza sin necesidad de imponer, cómo se protege con respeto y cómo se ama sin condiciones.

Al mirar atrás, veo que escribir este libro fue también un acto de amor.

Un acto de cuidado hacia mi padre, hacia mi madre, hacia nuestra historia… y hacia mí misma.

Fue una manera de decir gracias… aunque las palabras nunca alcancen a abarcar todo lo que uno siente en el corazón.

Y entonces entendí algo más: este libro no es solo
para ellos.
Ni solo para mí.

Es para todos los que alguna vez han sido
amados… y para todos los que están
aprendiendo a amar.

Es un recordatorio de que los ejemplos más
valiosos no se enseñan con grandes discursos,
sino con presencia, constancia y dedicación
silenciosa.

He aprendido que la vida se construye con
decisiones pequeñas y constantes:

un gesto,
un consejo,
un abrazo,
un sacrificio.

Y que todas esas cosas juntas… forman el legado
que permanece.

Aunque pase el tiempo.
Aunque cambien las etapas.

Al cerrar estas páginas, quiero que quede claro algo que sentí mientras escribía: el amor que recibimos de nuestros padres no termina con nuestra infancia… ni con el tiempo que compartimos con ellos.

Ese amor vive en nosotros.

Se refleja en quienes criamos.
Se multiplica en quienes llegan después.

Y se convierte en la forma en que seguimos caminando por la vida.

Escribir este libro me permitió ver con claridad todo lo que mi padre me enseñó sin palabras.

Todo lo que mi madre sostuvo con ternura y firmeza.

Y cómo esas enseñanzas… siguen guiando mi vida.

Fue un acto de gratitud.
Pero también de memoria viva.

Una forma de decir: lo que ustedes hicieron importa… y siempre será recordado.

Al final, comprendí que la verdadera herencia
no son las posesiones ni los logros materiales.

Es la manera de amar.
De cuidar.
De sostener.

Ese es el legado más valioso.

Y es uno que no se pierde nunca.

Y así, mientras cierro este libro, siento paz.

Paz por todo lo que aprendí.
Por todo lo que recibí.
Y por todo lo que ahora puedo dar.

Paz porque sé que sus enseñanzas seguirán
vivas… en mis hijos, y en los hijos de mis hijos.

Porque el amor que se hereda…

no se detiene.
no se agota.

se transforma,
se multiplica,
y se queda.

Y en esa permanencia…

vive todo.

En Vida

Hoy entiendo que este libro no nació solo para
contar la historia de mi padre.

Nació para decirle gracias… en vida.

Para no dejar en silencio lo que tantas veces se
siente, pero no siempre se dice.
Para honrar, con palabras, todo aquello que él ha
demostrado con hechos.

Mi padre no necesitó grandes discursos para
enseñarme.
Le bastó con su forma de vivir.
Con su manera de cumplir.
Con ese amor constante que no hacía ruido…
pero nunca faltaba.

Con el tiempo comprendí que hay amores que
no se anuncian, pero se sostienen todos los días.

Amores que no buscan reconocimiento, pero que
dejan huella en todo lo que tocan.

Y el amor de mi padre… ha sido uno de esos.

Hoy lo miro con una claridad distinta.
No solo como hija… sino como mujer que
comprende.

Como mujer que ha vivido, que ha sentido, que ha tenido que tomar sus propias decisiones… y que ahora reconoce, con mayor profundidad, todo lo que recibió.

Y desde ese lugar, puedo decirlo sin duda:
gracias por estar,
por cuidar,
por enseñar,
por sostener.

Gracias por cada gesto que parecía pequeño… pero que construyó mi vida. Gracias por lo que hiciste, y también por lo que elegiste no hacer.

Por tu forma de proteger, por tu manera de amar, por tu presencia constante… incluso en el silencio.

Gracias por ser el hombre que fuiste… y que sigues siendo.

Y hoy, desde este presente, hay algo más que también quiero reconocer.

Amo viajar con ustedes.

Amo acompañarlos ahora, desde este lugar de adulta… pero con el mismo corazón de niña.

Porque, incluso hoy, siendo madre, cuando estoy
a su lado... vuelvo a ser niña, la misma que
creció admirándolos y que continúa
admirándolos.

Vuelvo a sentir esa seguridad, esa alegría
sencilla, esa paz que siempre encontré en
ustedes.

Los paseos, las comidas juntos, los momentos
compartidos en esos viajes... todo eso me llena
el alma.

Y me recuerda que el amor no solo se recuerda...
también se sigue viviendo.

En presente.
En vida.

Este libro no es un final.
Es una pausa.
Una respiración.
Un momento para mirar hacia atrás... y
reconocer.

Es un acto de amor consciente.
Un homenaje en vida.

Una forma de decirte, con todas las palabras que
antes no dije:

te veo,

te honro,

y te agradezco.

Porque si algo he aprendido en este camino, es
que el amor que se guarda… también merece ser
dicho.

Y hoy,
elijo no guardarlo más.

Carta a mi padre

Papá,

Hay tantas cosas que quisiera decirte que a veces no sé por dónde empezar. He pasado gran parte de mi vida aprendiendo de ti, observándote, creciendo bajo tu cuidado… y aun así, siento que apenas ahora comienzo a comprender la profundidad de todo lo que has sido para mí.

De niña te veía como un hombre fuerte, trabajador, firme; el que siempre estaba, el que resolvía, el que cuidaba.

Con los años entendí que eras mucho más que eso.

Eras un hombre que, aun con todo lo que vivió, decidió dar lo mejor de sí. Un hombre que convirtió sus propias carencias en amor, en cuidado y en presencia para su familia.

Nunca nos diste lo que te sobraba.
Nos diste todo.

Recuerdo tantas pequeñas cosas que hoy cobran un significado enorme:

tus manos sosteniéndome cuando aprendía a andar en bicicleta, tu paciencia en las mañanas de escuela, la manera silenciosa en que resolvías problemas sin dejar que el peso de la vida nos tocara.

Todo eso era amor.
Todo eso eras tú.

Hoy, como mujer adulta y como madre, veo tu enseñanza reflejada en la manera en que abrazo, protejo y educo a mis hijos.

Gracias a ti, entiendo lo que significa amar sin condiciones, sostener con firmeza y guiar con ternura.

Cada decisión que tomo como madre lleva un poco de ti, porque tu manera de ser se ha vuelto parte de mi vida, de mis valores y de mi corazón.

Papá, gracias.

Gracias por enseñarme que el amor no solo se dice… se demuestra.

Gracias por enseñarme que la responsabilidad
no pesa cuando se vive con dignidad.

Gracias por mostrarme que la familia no es una
obligación, sino una elección que se honra todos
los días.

Gracias por cuidarnos,

por guiarnos,

por estar.

Gracias por ser un hombre al que siempre he
podido admirar.

Si algo de lo que soy hoy tiene raíz, esa raíz
viene de ti.

Y aunque la vida me ha llevado por caminos
propios, aunque he tenido que aprender por mí
misma muchas cosas… siempre he llevado
conmigo tu voz: esa voz que aconseja, que guía,
que corrige con amor, que sostiene incluso en el
silencio.

Y aunque este libro lleva tu nombre en el
corazón, papá, también sé que nuestra historia
no sería la misma sin mi mamá.

Ella ha sido el amor que acompaña, la ternura que sostiene y la fe que nunca se rinde.

Junto a ti ha construido todo lo que somos.

Gracias por haber elegido caminar la vida a su lado… porque en esa elección también nos diste a nosotros el regalo de crecer en un hogar lleno de amor.

Hoy entiendo que no hay amor más sincero que el de nuestros padres: un amor que no espera nada a cambio, un amor que permanece, un amor que, incluso cuando los hijos crecen… nunca se va.

Papá, este libro no es suficiente para todo lo que significas.

Pero es mi manera de decirte gracias en vida.

Quiero mostrarte que tu ejemplo no solo nos guió a mi y a mis hermanos, sino que seguirá guiando a futuras generaciones.

.Que cada gesto, cada enseñanza y cada decisión
que tomaste con amor… sigue viviendo en
nosotros.

Que estas páginas sean un lugar donde tu voz
permanezca, donde tu amor siga enseñando, y
donde mi gratitud, por fin, encontró palabras.

Y si algún día dudas de lo que has sido, quiero
que recuerdes esto:

hiciste una vida que valió la pena.
formaste una familia que te honra.
y dejaste un amor que no se va a terminar.

Con todo mi amor,
Tu hija.

Porque hay voces que no se apagan…
solo aprenden a vivir dentro de nosotros.

SOBRE LA AUTORA

Elvira Sombra es escritora. Su trabajo nace del deseo de honrar la memoria, el amor y las historias que nos forman, especialmente aquellas que se transmiten en silencio, a través del ejemplo y la presencia.

Nacida en México y radicada en Estados Unidos, su escritura se distingue por una mirada sensible y honesta sobre los vínculos, el legado familiar y los procesos de sanación emocional. A través de la palabra, Elvira busca nombrar aquello que permanece, aun cuando el tiempo avanza.

La voz de mi padre en mi memoria es una obra escrita desde la gratitud: un homenaje a la figura paterna, a la humanidad imperfecta y al amor constante que deja huella más allá de las palabras.

Si deseas seguir explorando este camino, puedes encontrar más de sus obras en la siguiente página.

OTRAS OBRAS DE LA AUTORA

Amar sin medida, sanar sin miedo

Una obra íntima que explora el amor, la pérdida y la sanación como caminos de autoconocimiento y reconciliación personal.

Manifestar con conciencia: 21 días para crear desde la intención y la presencia

Una guía reflexiva que invita a habitar la vida con atención, gratitud y coherencia interna.

Rituales suaves para volver a ti: Agua, fuego y presencia para el cuidado del alma

Un viaje de reconexión a través de rituales sencillos y conscientes que invitan a regresar al cuerpo, al alma y al momento presente con suavidad y compasión.

Si deseas seguir explorando este camino, cada uno de estos libros nace desde el mismo lugar: el deseo de acompañar, sostener y recordar que nunca estamos solos en nuestros procesos.